HOW TO SURVIVE
A MARRIAGE？

婚内失恋

重修婚姻学分，翻转爱情绝境

邓惠文 —— 著

广东旅游出版社
中国·广州

目 录

前 言 001

已婚剩女？ 003

婚姻是爱情的坟墓？ 006

婚内失恋？ 008

第一章 令人困惑的关系 1

第二章 努力生活着，爱却消失了 13

无意识的不满 15

过度付出 21

重视原则胜过感受 26

变成一个无趣的人 33

无法分享感受 37

纵容对关系有害的行为 44

第三章　停止恶性循环　49

毫不在乎或饥饿的眼神都让人想逃避　52

一旦开始用怨妇的口吻说话，关系将越来越糟　54

"对"或"错"的简化思维让彼此无法互相了解　60

虚假讨好只会让自己更被忽略　65

防卫的反应制造更多误会　68

外面的人只是那根稻草　71

第四章　追寻他的背影或转过来看自己　77

检视沟通的可能　82

克服自我的恐惧　90

培养独立的能力　93

只有乐意不乐意，没有付出不付出　95

第五章　重修婚姻学分　101

婚姻生活的协定　104

权力对应的模式　122

干扰与支持的平衡　126

表面的防卫与深藏的期望　135

从期待与失落中成长　144

付出和获得的平衡，关键是对自己负责　146

第六章　翻转婚内失恋　153

是谁不爱谁了？　155

婚姻是照见自我的魔镜　163

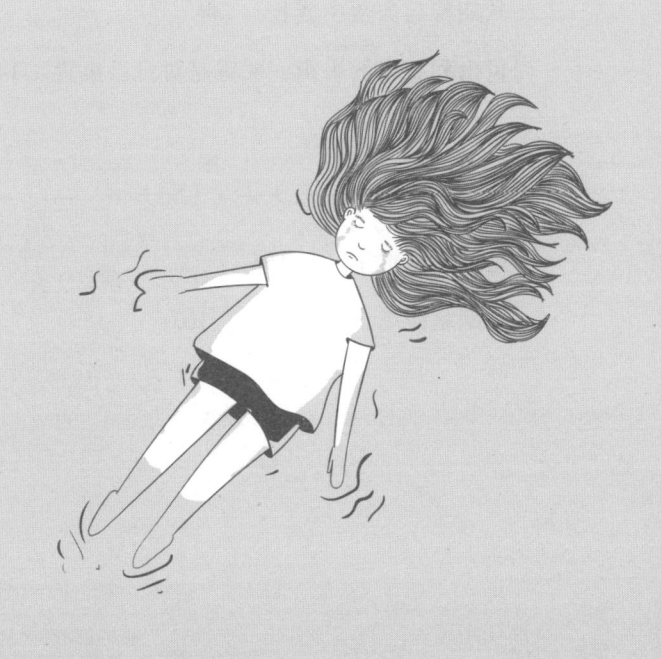

前言

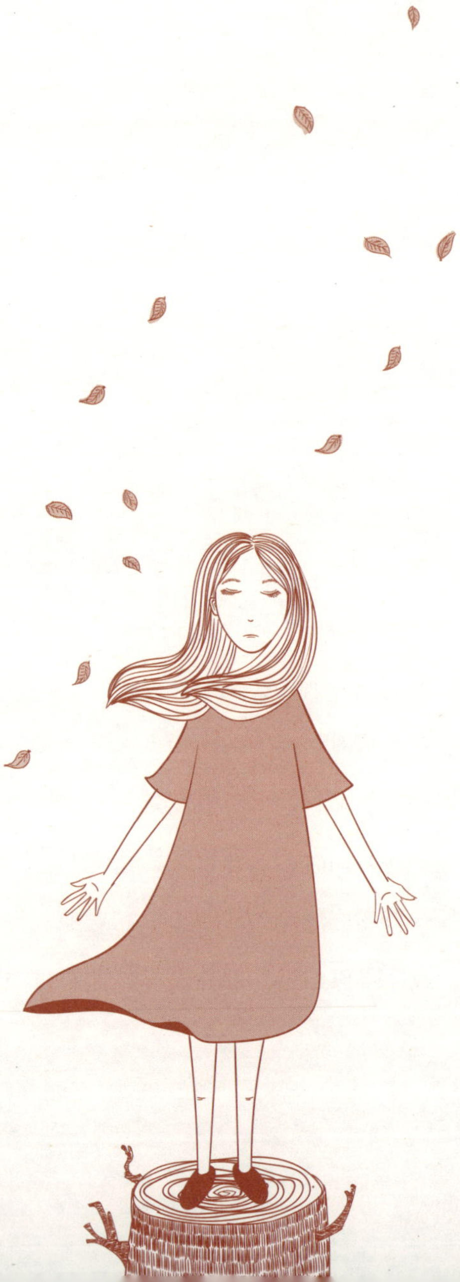

已婚剩女？

偶然看到一本书，谈的是"剩女"。"剩女"已经不是一个新鲜的名词了，很多人都知道这是熟龄未婚女性在主流社会中被贴上的负面标签。不过封面上斗大的英文书名震撼了我——"剩女"被译为"Leftover Women"①。

Leftover，在日常用语中，不就是剩菜的意思吗？其实不只是剩菜，leftover 可以泛指各种"没用上的东西"——不是没用，是没被用上，例如制作商品或搭建建筑时的剩料。《红楼梦》中的贾宝玉跟一颗石头有渊源，那石头是女娲补天时没用上的，因此蕴含着种种曲折情怀，说起来它就是个 leftover。

看见这名词时，我正在整理这份为已婚女人写的书稿，不禁百感交集。与"剩女"相对的，应该是已婚的女人，或"得以结婚"的女人。然而跨越"婚姻"这条

---

① 洪理达，《中国剩女：性别歧视与财富分配不均的权利游戏》(*Leftover Women : The Resurgence of Gender Inequality in China*)，八旗文化。

分界线，到达另一边的女人，就获胜了吗？在婚姻的那边，感觉幸福的人到底有多少？

近年的离婚率不低，大略地说，可以想象为每有三对夫妇结婚就差不多有一对离婚。而在结婚与离婚之间，处于已婚状态的女人，有许多是不快乐的，那感觉恐怕比未婚熟女更像 leftover——没吃完的冷掉的肉排、失去风味的蔬菜、干掉的米饭或硬掉的面包……曾经被认真地料理起来，隆重澎湃地端上桌，欢喜期待着被吃掉进而融入一个人的生命。结果，只有一小部分被吃掉（或者根本连动都没动），剩下来被丢弃、冷藏着，不挣扎的话，就会被遗忘到彻底变成废物，直接送往垃圾焚化厂，连喂猪的时机都错过。但若挣扎，吵着重新端出来，手舞足蹈地喊着"我还可以吃唷"，约莫也是徒劳，只会遭到更无情的嫌弃。

有名无实的妻子，寂寞的女人，对着做脸的美容师、洗头的妹妹、卖保养品的柜姐、心理咨询师……这些不相熟却愿意触摸她们身体心灵的人，倾诉无法与枕边人分享的空虚。无处发挥的热情与困顿的抱负，像洗发水的泡泡那么香香柔柔，却只能等着被水冲走，直到与虚空化为一体，再也不信自己怀有什么珍贵的潜质，别说是补天，连铺地都没有人愿意踩。

在挣扎着、抗拒泡沫化的过程中，也曾求教于他人。但得到的建议大约是"婚姻本来就像这样""你幻想太多""婚姻是爱情的坟墓"。

婚姻是爱情的坟墓？

年轻人才不相信这句话，一心想着我的爱情当然会持续到婚姻里，不止绵延不绝，还会开花结果。婚龄渐长才开始领悟，婚姻本来就是所有爱情的坟墓，只是时间不同意义就不同。弱质的爱情进入婚姻不久便磨耗早夭，婚姻无疑是它的坟墓；而长寿的爱情则得以在婚姻中安居到最后安息的一刻，婚姻不也是它的坟墓吗？问题并不是"爱情终将死在婚姻里"这一事实，而是如果爱情死了，人却还要活在婚姻里，那就是活人住在坟墓里。

感情还活着的人，住在冰冷的婚姻里，伸手抓不到人，张嘴叫喊却只能听见自己的回音。那不只是寂寞，是比寂寞更逼人的，生命慢慢冷却、存在渐渐稀薄的流失感。

我在心理咨询工作中遇见过许多这样的女性——

很苦、很闷、不快乐，不确定自己的不满是否合理，不知道自己该追求什么。绕来绕去，要过好久的时间，才小心翼翼地说，我还想要恋爱的感觉。

"我不想找别人，我还是希望他爱我。"然后掩面懊恼起来，"我为什么这么没用，被他吃得死死的。"

婚内失恋？

对于已婚无爱的女人，繁体字"戀"是个扎眼的字。这字有言，有心，两旁还有情意密密缠绕。而她们和被唤作丈夫的人之间，早已无言，也不觉有心。

没有人不知道恋爱的感觉。失恋了，本来也应该很清楚。

如果你未婚，他不来找你，含蓄或明白地拒绝见面，无意制造甚至逃避身体的接触……你就会知道该想下一步了。

但若这人是你的丈夫，原本简单的判断也会变得很复杂。有个声音一直对你说"老夫老妻本来就是这样""没有热情不代表婚姻有问题"。于是你觉得自己不应该觉得不开心。

如果你真的觉得没问题，那就好。

如果你一边说服自己这样没问题，一边又不断地对另一半施压，或是幽怨地期待他改变，做着心口不一、言行分裂的事，那么，你不是在逃避问题就是在制造问题。

你真的不需要再问"我这样的婚姻算是有问题还是算正常"。没有人能替你定义什么样的婚姻才算正常。婚姻又不是灯泡，会亮便是好的，不会亮就该丢掉。婚姻更像一碗面，在好吃到无可挑剔与恶心到要吐掉之间，存有很大的变异空间。你觉得极为不满的婚姻，对某些人而言简直就是天堂。有人认为家事分工不均就算严重的问题，有人却认为哪怕无性行为、无互动，甚至另一半有外遇，但只要对方还会回家，就算正常。

每段婚姻都有个性，就像人有个性一样。所以婚姻正不正常，这一点无法确认也不需确认。不过，要是你过得不快乐，甚至很痛苦，那就值得确认也值得关注了。识破"无论如何他还是我老公"的障眼法，试着像单身时一样直接面对，你一下就会看出问题——你失去了爱。然后，在年轻时就具有的挽救恋情的种种智慧和能力，才可能启动。由于已婚者跟失恋的对象还有关系——

住在一起的关系、共同教养小孩的关系、法律上的夫妻关系、面子上的依存关系……这种失恋当然比未婚时复杂又难处理。但一切都还是要从面对失恋的本质开始，这样才有机会改变处境。

说有感觉的话。采取有意义的行动。拒绝被无爱婚姻的黑洞吞没。

披上白纱那一天，我以为失恋这种事再也不会发生在我身上。

我疏于操练生存技能，以至于连失恋都无法辨认。

我为我的怠惰忏悔，但我接纳自己曾做的一切。

我在婚姻里面失恋了。

从现在开始，我要停止无用的追逐，找回自我的价值。

第一章

令人困惑的
关系

我很烦恼,我和他的关系好像怪怪的……例如,我们一起经营公司,外人以为我们一天二十四小时都在一起。但事实是除了开会时会坐在同一张桌子旁,我们几乎没有互动。中午偶尔在电梯里遇到他,我问:"你要出去吃午饭?要不要一起吃?"他可以毫不犹豫地说:"我不想跟你一起吃午饭。"然后就绷着脸一路坐到地下室把他的车开出去,看也不看我一眼。前几天闻到他喷古龙水,我好奇地问:"你今天为什么要特别洒上古龙水?你要见谁吗?"他立刻用嫌恶的表情瞪着我说:"你管的也太多了吧?"请告诉我,这样正常吗?

——陈太太

这样的情节,各位读者怎么看待呢?

如果两人是男女朋友关系,任何人都会觉得这段恋情差不多要玩完了吧!可他们是一对夫妻,不知怎的,人们就不敢确定这样到底有没有问题。陈太太强调："如果我不过问他的行踪，其实他是个很正常的丈夫，每天下了班就回家。假日我们也会一起带小孩出去玩，早上他打果汁做精力汤时，也会留一杯给我。在钱这方面，他从来不会吝啬，无论是家用、其他支出，甚至我娘家需要用钱。是否老夫老妻就是这样呢？"

一边描述对关系的担心，一边又不断地强调这应该很正常吧，看起来真的非常困惑又无助。可她到底是觉得很怪，还是觉得正常呢？经过多番讨论，她才决定这样定义她的困扰：

我不喜欢这种状况，每次听到太太这个称呼，我就感觉又被提醒一次，我哪里像个太太？但是如果胆敢要求更多，我想他会很生气，更不会理我，也许我连现在所拥有的都会失去！

她失望，她孤单，感觉丈夫在彼此之间坚持着一道难以跨越的界线，不容她侵犯；多问一句他的行踪、多探一下他的想法，好像就侵犯了这个界线，要遭到惩罚。

朋友说她一定是太敏感了,"什么界线,装作没看到贴过去就没事了"。她便试着厚脸皮对他说"一起吃饭嘛""带我去出差嘛",结果他一律郑重地拒绝,严厉地说:"我需要空间!""你不要逼我!"每次丈夫回了这种话,她总是哑口无言,不知道还能够回答什么。

每对夫妻都有他们的生活默契,伴侣们不应该用令人窒息的方式去约束另一半,一位丈夫可以对妻子表达他需要什么样的空间,也许他需要自己一个人吃午饭,不想整天都跟太太腻在一起。但为什么陈太太的丈夫需要用这样的态度来表达?他的反应如此强烈,好像太太跨越了界线就该被电击一样。这不该是与亲密的人说话的方式。

为什么关系会变成这样呢?无法确定到底是自己过于侵扰,还是对方过于防卫。找不到沟通的方式,任何沟通的尝试都被对方视为一种挑衅、一种压迫、一种攻击,只能乖乖地待在对方设好的距离以外,但是在那里感受不到亲近,自己的忍耐力也一点一滴地消失。最后自己也不由自主地对他冷嘲热讽,看他做任何事都不满意。虽然知道自己也向他传递了很多负面的情绪和态度，但就是无力改善。经年累月，已经分不清楚是谁对谁冷淡，谁在拒绝谁了。

她也试着检讨自己（如果问题出在自己身上，情况就有希望改善）："因为我常对他大呼小叫，所以他才不想理我。"真的是这样吗？那么为什么自己会对他大呼小叫呢？这样追溯起来，她又困惑了："因为他都不重视我说的话，又对我不好，我讲话才会越来越大声。所以并不是因为我对他大呼小叫，他才对我不好的……"诸如"彼此之间的鸿沟到底是如何形成的"的问题，往往超出了记忆能够分析的范围。继续从这方向思考婚姻问题，状况就会变得像鬼打墙一样。

在一团混乱之中，唯一可以确定的是她的感觉。她像一个失恋的女人，清楚地知道那男人已经不想靠近她，但却没有足够的勇气去面对这个事实。

这位因婚姻中的无情对待而寻求心理探讨的来访者，从丈夫那里听到了各种难以想象的话语：

一个老公该做的事我都做了，我有权拥有私人空间和时间，你无权过问。

我跟你就只是家人关系。

我没有办法跟你沟通，也不想跟你沟通。

我已经到了这个年纪，我想做自己想做的事。

妻子无法面对问题的本质，就会被丈夫这种理直气壮的话语镇住，甚至认为"他这样说好像也蛮合理"。可如果真的相信这很合理，就不会感到困扰才对。妻子会感到如此困扰，明明就是因为这些话令人诧异。它们太锋利了，让人痛到连"你这样说真没道理"都说不出来。丈夫越是理直气壮地说出这种话，不带一点愧疚，妻子就越容易像被催眠了一样开始反省：我一定是做错了什么。

由于无法指出丈夫言论的不合理之处，妻子只能讨价还价般地请求："可不可以拨点时间出来跟我相处？"不然就是谈起婚姻的权利义务："我是你的老婆，难道一个老婆不能知道老公去哪里了吗？""难道我不能知道你为什么不带我出去吗？"这些"难道"总会引来丈夫更多的奚落，他们通常会说："法律规定过我要告诉老婆行踪吗？"

这些妻子非常无助，而这种无效的言语只会为她们招致更多羞辱。真正需要说而无法说出的是"我想跟你在一起""你的拒绝让我很震惊""我想知道你为什么如此厌恶我""我没有办法这样跟你生活下去"。这些话难以启齿，妻子害怕直指问题会碰触丈夫的底线，激怒他，或者让他有机会说出"我想离婚"或"我不再爱你了"这种可怕的话。

为什么这两句话那么可怕？可以让人闭嘴不再吵闹？因为"没有爱虽然很痛苦，但失去婚姻损失更大"，这是婚内失恋者普遍的心态。

婚姻跟爱情能不能切割？人们倾向认为它们应该是一体的，但在婚姻里待久的人多半知道，婚姻与爱情的关系，最好也不过是分分合合。有些时候恋爱与婚姻完全一体、非常合拍，但有些时候彼此真的只剩下家人的关系，而没有爱情的感觉。如果追求爱，需要丢弃婚姻或是毁坏婚姻，相信很多人会选择继续过着无爱的日子。因为婚姻自有一定的分量和重要性，以婚姻作为支撑的"家"，在很多层面上是纷飞的恋爱无法提供的。

但如果余生都在无爱的婚姻中，过着槁木死灰的日子，就像任凭自己孤寂地走向灭亡。

难道人生就任由另一半决定了吗？有没有什么方法转变处境？

这本书尝试探讨的并不是如何让那位设下电网荆棘的冷淡伴侣恢复对你的热情，如同讨论失恋时一样，我们应该更关心如何让自己好好地活起来，摆脱怨妇的诅咒。人们不期待谈论失恋的书写出"赢回变心爱人的方法"，但论及婚姻，许多人就只想看到"赢回变心老公的方法"，一点也没有兴趣探索或改变自己。这就是问题所在——在婚姻中失恋的人总是想着，也只是关心着如何改变另一半，但这是徒劳无功的。除非能够恢复自己的生命力，否则我们很难改变心冷的伴侣。

我们需要认真地问：婚姻中的失恋，到底是怎么回事？这代表自己发生了什么？

单身时失去爱的感觉，可能会考虑分手，但结了婚便不一样，如同前文所说，人们不会轻易解除婚姻关系，也不想失去生活中的合作伙伴，所以很难用单身者的立场思考，一般适用于失恋的方法看起来也都不适用。比方说，一个人出国散心。如果身为已婚者的你抛下家人，一个人出国，大家会觉得你非常奇怪，甚至那位与你保持距离的伴侣也可以逮到这个机会，指责"你才是不顾家庭的人""你才是婚姻出问题的源头""你根本没有资格要求我"……因此，这个单身失恋者最喜欢的方法完全帮不上忙。告诉自己下一个人会更好。这种方法对所有失恋的人都很有鼓舞的效果，但是对于婚内失恋的人来说简直是一个笑话。既然不想解除婚姻关系，要去哪里期待下一个人呢？难道是外遇吗？你能承担外遇的后果吗？所以这也不是个方法。还有，人们经常劝失恋的人尊重对方的选择——"既然两人不适合，不需要强迫另外一个人跟自己在一起""好好放手，祝福对方就是祝福自己"，这种洒脱对于婚内失恋者实在很难做到，试想，那个不给你爱情，或是拒绝你的人，每天仍然享受着你对家的付出（甚至你也非常依赖他对家的付出），那该是非常难熬的。况且，你们已成为一种生命共同体，在这些无法厘清的依存关系之中，你很难尊重他的选择，因为你自己的选择并没有得到尊重，你如果被绑住了，又怎么可能放任他，让他随时想去哪里就去哪里又不告诉你呢？

因此，在婚姻中失去爱时，所有以前知道的方法都不管用，这让人处在一种无望的状态，使人变得无趣、没有生命力，第一个出现的状况就是变得面容可憎，脸部肌肉不自觉地下垂、表情慵懒、毫无生气。第二种状况是，眼神看起来非常寂寞，非常饥渴，好像不断地在等待另外一个人给予回馈，让人望而生畏。第三种情况是愤怒，很容易因生活琐事觉得不公不义、无法忍受，整个人就像装满液体的容器，只要对方随便再丢一颗石头进来，怨愤便会溢出横流。这些状况不但会让你期待的人离你更远，还会让不相干的人，例如其他家人或是孩子也慢慢地疏远你，于是你越来越寂寞，此时以上三种情况就可能变得更加严重，陷入恶性循环，到后来你会连自己都不认得。

以上只是最常见的几种症状，还有不少人因为承受太多负面压力与隐性的攻击，又缺乏原本能够平衡负面效应的自爱能量，而患上精神或身体的重大疾病。婚内失恋会严重损耗一个人的身心，不能不严肃面对并设法脱困。据我所知，即使是专业的心理咨询师，也常对此类问题束手无策，不知能跟来访者谈些什么，我不止一次听说为此困扰的女性被素有名望的咨询师拒绝——"我的专长不在这方面"。只能说婚内失恋的无望感和无力感实在太沉重了！

第二章

努力生活着，
爱却消失了

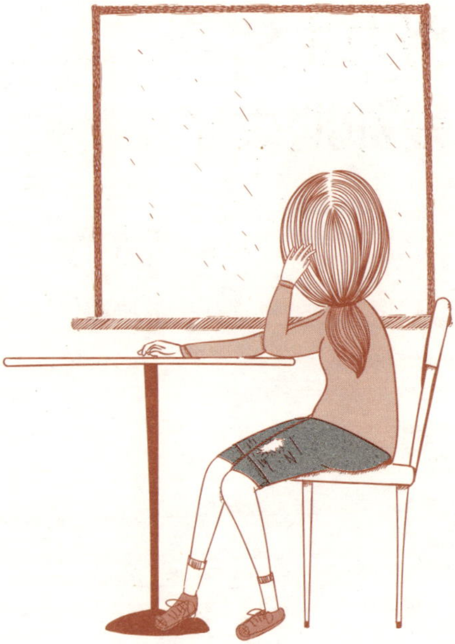

无意识的不满

许多夫妻说："不知道彼此之间的爱是怎么消失的。"乍听之下似乎如此，但仔细想想，这"不知道"，真的是"无法知道"吗？还是"不曾知道"或"不想知道"呢？

心理咨询的实务经验显示，当夫妻有充分的大胆讨论的空间，例如，当咨询师能够协助他们保持沟通时的心理安全感时，不少原本觉得无法思考的夫妻都能开始看到他们忽略、逃避和无法正视的症结了。

慧颖

我一直是一个自主自信的人。结婚之后，我也保持着充分的自主性，我不喜欢统一的夫妻分工，而我丈夫，程方，也同意这样的观念。我们两个人的智识、能力、事业可说是相当的，我认为我们并没有受到传统夫妻角色的束缚，生活中的衣食住行都以弹性的方式完成。

这样理想的夫妻在十几年之后，也变得不太沟通，距离渐远。程方越来越少主动与慧颖说话，性生活消失。慧颖偶然间还发现他对朋友说："如果当初没结婚，或许人生会更好。"

为什么会这样呢？

慧颖认为，这是一种无奈的转变，久了，彼此的感觉就淡了，没什么值得探讨的。不过，她不止一次地提道："我有朋友结婚更久，我好奇他们为什么还过得很好。"

咨询初期，程方多半沉默，顶多当慧颖说完一段话时会点点头。几次之后，咨询师关切他的沉默，邀请他们一起想想程方的沉默代表什么。

慧颖："他平常就是这样。我不觉得这有什么特别的意义。"

咨询师："平常就是这样啊？两位的日常生活就跟我们在这

里时一样,不容易听见程方的声音?"

慧颖偏过头去看了一下程方。"他如果有什么想说的话,不是应该自己说出来吗?"

程方:"我要说什么?"

慧颖:"看吧。他没有什么想法。"

咨询师:"对于我们现在讨论的主题,程方好像没有什么话想说。但我不确定如果是别的主题,程方会不会有想说的?"

慧颖往椅子深处坐,耸耸肩。

咨询师和慧颖等待。

程方:"所以现在是在等我提主题吗?坦白说,我到了现在的年纪,倒不是太在意婚姻什么的。"

咨询师:"这是不是表示你在意某些婚姻以外的事?"

程方:"……也没什么。我不太会想自己在意什么。"

慧颖:"他跟我一样,不喜欢因为自己的需要而麻烦别人。我们都认为各人就应该处理好各人的事,不要搅和在一起。"

程方没有接话,也没有点头。

咨询师:"你同意吗?程方?"

程方:"……以前是这样吧。"

慧颖有点讶异地看着程方，问："难道现在不是这样了吗？"

程方："以前我的确认为，怎么说，人应该过得很自在吧。不过，最近我有时会想，父母老了好多，过去十年我好像太少回去陪他们。"

咨询师："觉得愧疚？"

程方："我想过，如果我常常回去，他们会不会更健康一点，或者我现在的感觉也许不会这么沉重。"

慧颖："我没听你说过这些。"

程方："没什么好说的。你又不喜欢去我爸妈家。"

慧颖："你这是什么意思？你的意思是，因为我不喜欢去你爸妈家，所以你才没回去，而现在你很懊悔，全都要怪我吗？"

慧颖感到被指责而激动起来："我从来没有阻止你回去看你爸妈，你要回去，就可以回去，为什么现在要把你自己无法承担的罪恶感赖给我？"

程方："我没有觉得你做错了什么，我也不想把罪恶感赖给谁。我只是说，对父母感觉沉重。"程方并没有跟着激动起来，但他刻意平淡的语调却让慧颖更难受。

这只是许多问题之中的一个，鉴于他们平常的互动模式，慧颖可能一直没有机会知道程方心境的转变。

爱是一种非常精致的感觉，也非常脆弱，不见得要双方做错什么才会损耗、消失。人有着复杂的心态，连自己都没有办法预期，像程方这样，多年来都赞同慧颖的生活方式，可到了某个人生阶段，便由于父母老去引起的愧疚感而觉得沉重。理智上他并不觉得自己对慧颖有所不满，但当他沉溺于自己的愧疚之中时，他的心离慧颖越来越远，他也没有尝试跟慧颖分享心情或努力拉近彼此的距离。

当他们更深入地探索自己的心态时，程方逐渐发现他对妻子其实有着理性上难以承认的需求，例如，如果她能更喜欢与他一起孝敬父母，他会很开心。他在理智上不想勉强慧颖做不喜欢的事，但不知自己在无意识中累积着不满，到了父母急速衰老的阶段，愧疚、失落等情绪凌驾于理性之上，原本处在控制之下的不满开始浮现，莫名其妙地攻击他与妻子的关系。疏远与冷淡只不过是最温和的一种报复，如果他无法意识到内心的矛盾并加以整合，可能还会出现其他对关系更具破坏性的行为模式。

站在慧颖的立场，她一定觉得自己没做错什么。一直以来都在按照两人同意的方式生活，丈夫从来没有表达过不满或要求，现在他心境一变，竟然就径自从亲密感中脱离了？

在理性上认为夫妻应该如何生活，不见得在深层情感上也对这样的生活满意。认真地生活着，却没有觉察无意识中累积的失望与不满；进入不同的人生阶段，心境有了转变，这些都足以让一个人对另一半失去热情。这种复杂的心态，纠结着个人独特的生命历程，不可能靠任何简单的"婚姻相处之道"加以预防。

所以当关系冷淡、变坏了时，试图追究责任往往是徒劳的。只能面对现状，放开防卫与否认的习惯，好好观察：我们怎么了？一边了解自己，一边试着了解对方的心态。所有以前在理性上、意识上知道的对与错，现在可能都不适用。你自己以及眼前的这个人，都需要重新被认识。

过度付出

欣如

我不明白他为什么对我这么冷淡？我就算不是一百分，也肯定是九十五分以上的老婆。从结婚开始，我的家里不只打扫得一尘不染，而且还会随着季节改变变换美丽的布置；我的家非常舒适，沙发罩、床单、桌巾都是我亲手熨烫的，阳台花草欣欣向荣，孩子们也养得活泼健康；每日三餐我亲自下厨，准备最新鲜的水果，从有机农场订购最棒的食材，我也会看书上课，精进自己的厨艺，我每天中午都会把饭盒送到先生的办公室以及两个孩子的学校……

我不明白，我做了这么多事，他为什么还不满意？

欣如的困惑，让人听了好难过。她付出了无数的时间，用她的话说，就是"从来没有过过自己的生活"。

丈夫却还是不满意，这真是太不合理了。

可是，她的丈夫怎么看这一切呢？

不断被欣如逼问"你到底有什么不满"，丈夫终于开口说话了。他说的是："如果你真的想了解，我可以回答你，但是之前我从来没有机会说出这些。"在咨询师的邀请之下，丈夫说："你做了很多很多事，没错我很感谢你。我每次回家都看到你在忙，可即使我看着你，你的眼睛也没有看到我。另外，我不晓得你知不知道，你永远急急忙忙的，说话的口气也很急躁，只要有一点事情不照着你的计划进行，你就会很紧张地纠正。不管是我，还是孩子，都必须照你的主张和节奏生活；饭端上来了，我们就要赶快地、愉快地吃，只要吃得慢一点，或者说有一盘菜没有人动，你就会马上说要不要再煮另外一样东西，我已经很久很久没有办法跟你说话了……"

欣如感到错愕，她认为这些话对她非常不公平。但她也知道丈夫说的是事实。她做的事非常非常多，甚至到了牺牲自己的程度，丈夫接受了她提供的各种照料，也同时接受了她身上的压力。欣如在对家人的付出上过度投入，却疏忽了对自我的照顾，她的确为丈夫提供了顶级的照料，但同时也给了丈夫一个过度劳累的妻子和她的负面情绪。

丈夫很少看到她的笑容，她也忘了去邀请丈夫露出笑容。

丈夫的话使欣如开始回顾往事。她发现，她不再看着他的眼睛或直视他的脸，是因为在做了许多的家事之后，她常常期待丈夫肯定她或感谢她，但丈夫则往往不会给予任何回馈。如果她盯着他看而得不到期待的回馈，她心里就会有个声音高喊着："你做这些真不值得，没有人感谢你。"所以她渐渐养成了只做事而不去看他的表情的习惯。

双方在解读中，都认为自己没有做错什么，可是他们之间的亲近与爱的确是消失了。

欣如问丈夫："如果我放松一点，你就会对我好一点吗？"

丈夫无奈地回答："我不知道！有些感觉消失了就是消失了，我不知道要怎么样再找回来。"

过度付出的人非常负责、要求完美，希望带给别人好东西，却常忘了伴侣也需要觉得他自己是个好人，是被喜爱的。当我们不断地压榨自己，超负荷工作，以至于变得不快乐或失去了笑容时，伴侣确实看到我们端出丰盛的大餐或做了很多家事，但是，少了笑容，他就没办法感觉他是被喜爱的了——甚至会觉得是被我们厌恶的。

读者们一定会说，这种人真是不成熟呀！为你做了这么多事，你还不知感恩？如果不爱你，难道会为你做这么多事吗？

可惜，事情就是这样。请试着想想，当你是被服侍的一方时，你真的一直都觉得很快乐吗？有没有一种服侍，曾让你感觉夹带着诸如"你什么都不做，都是我在做，所以你应该很感恩"的压力？许多人与母亲相处时都有过这种体会吧！

一个女人进入妻子和母亲的角色后，稍有不慎就可能被这些角色的原型特质笼罩。无己无私地付出，不知不觉便变成一个紧绷而跋扈的人。要避免落入这样的状态，必须时时刻刻尊重、提醒自己："我的笑容、我的快乐，是最有价值的东西，是家人最需要的东西。"

不管是对自己，还是对伴侣，这都是不能失去的东西。失去了笑容，接下来就会发现，爱也失去了。

重视原则胜过感受

婚姻中恋爱感消失的另外一个常见原因是,一方认为另一方更看重"家"或"家人"之类的原则,而不是"人"的感受。

晓芳

她是一个尽职的妈妈,当然也是个好太太,自从有了孩子,她就是这个家最好的维护者和"活动股长"。每到假日,她总会先规划好要带孩子到哪里去玩,在这个过程中,她也会征询我的意见。不过如果我显得不想度假或不想去她建议的地方,她就会不厌其烦地对我晓以大义——"为了孩子的成长,我们应该多让他接触大自然""为了孩子的发展,应该多陪他参加活动""家人应该一起行动,所以当然是大人配合小孩……"

——晓芳的丈夫

这些话，各位太太是不是也常说呢？"难得在家，不可以用手机，不应该上网""吃饭的时候不应该看电视，大家应该坐在一起，分享今天发生的事情""假日的时候我们就不应该再加班、应酬"……这些听起来都是很棒的有关健康家庭的原则，问题是，任何原则都应该基于人的状况进行调整，不然人的存在感就会消失在原则之下。例如，有些时候，丈夫在职场有升迁的压力，他心里很想利用某个周末读完一些数据，或者赶工做完一些报告，这些东西有可能让他在下周的会议中表现优异，胜过其他的同事；有些时候，在所谓的"晚餐时段"或"居家时段"，他只想放松一下，看看电视或玩玩手机，可当太太坚持这些非常棒的"家应该如何"的原则时，他实在没有理由反对，因为这些道理听起来都非常正确。但是慢慢地，对他而言，"家"已经不是一个按照他的需求和感觉打造的地方，而更像是一种团队理念——他跟太太要扮演正确的父母，努力把家人带向正确的地方……

人的内心都有自我（甚至是自私）的部分。如同上一节提到的，你的伴侣可能在理性上会赞同你的原则，也尽量配合，可是不知不觉地，当他决定事务时不再优先考虑喜好，当他个人的独特意见不再被重视，甚至没有一点任性的空间时，无可避免地，他会离那种被宠爱的、像个孩子般的感觉越来越远，偏偏这种感觉是滋生恋爱感所必需的。于是，你知道你的伴侣是一个讲理的大人，但相处时则过于按部就班，少了许多乐趣。没有变化，彼此间也就少了撒泼、调皮和受宠的感觉。

读者可能会感到惊讶，我提出这样的例子，难道是要反对大家用健康的方式经营家庭吗？

不是的。其实我个人也非常认同上述家庭生活的原则，我想说明的是：我们如果过分地重视原则而忘记了伴侣的"人"性，就很容易引发僵化的模式，让"人"觉得不受重视而失去了恋爱感。家的理念是由"人"延伸的，"家应该如何"的理念，是以让每个人都幸福为出发点的，所以它应该随时保有调整的弹性。

会把原则执行到让伴侣觉得不受重视的程度，通常是因为我们首先就这样对待自己，毫无保留地把自我贡献给了家庭，而很少考量自己的需求，简直到了"家庭的需求就是我的需求"这样一体融合的程度，因此根本不会去想自己受不受重视，也不会察觉个人与家庭之间有什么微妙的利益冲突。处在这种状态的人，很难想象不在这种状态的另一半到底有什么毛病，为什么他会有那些奇怪的不配合大家的举动？或者说，他的配合本来就是应该的，为什么会有不满呢？当夫妻开始沟通，能容许丈夫说出感受时，太太才很惊讶地发现，彼此对于个人需求的在意程度，实在差太多了！不认为个人需要为家庭改变那么多的丈夫，甚至会认为太太高举家庭伦理的大旗，争取的其实是她个人的喜好，既然都是个人喜好，"为什么我要听她的？"如果无法敞开心扉，真正了解彼此心态的落差，就很难听懂对方在说什么，久而久之只能怀着怨气，越离越远了。

琬宜与士豪

"家人违反我认为对的规则时，我不得不出声啊！例如说，当小孩生病时,我觉得老公应该立刻请假回来,跟我一起带小孩去看医生。如果他没有回来,我当然会不高兴。"琬宜说。

士豪:"我的工作非常忙碌,但是她认为小孩生病,身为父亲不应该退居二线,不应该让母亲单独带小孩去看医生,她觉得这会让小孩子形成一种对于父母的不对等印象。所以她要求我随时能请到假,不管当天有多么重要工作。"

琬宜:"这有什么不对吗?"

士豪:"没有什么不对。可是你可以好好说吧?不用像在骂我没尽到责任那样。"

琬宜:"你若是尽到了责任,我哪有机会骂你?"

士豪:"……"

琬宜的观念并没有什么不对,而且小孩需要看医生时,她从来都会毫不犹豫地请假。可是,士豪觉得她重视对错胜过他的感受:

我要如何在工作中临时请假,然后开多久的车回家,然后再开回公司,然后再加班,然后再去完成我的事情……这些东西你通通不考虑。而且所谓孩子生病，有时不过就是感冒而已。

一方理由充足，另外一方其实也觉得自己有理由，只是没有那么冠冕堂皇，于是就慢慢地变成不应声、不沟通，彼此之间的嫌隙也越来越大。这是婚姻中常见的无奈，明明老公就是比较没眼力见儿，还不能说他。如果忍不住流露出不满，他就越来越消极，老婆只得更积极地去叫他来做事，而他的态度会越来越抗拒，这成了一个恶性循环。

咨询师："琬宜，如果你自己带小孩去看医生，可能遇到什么困难吗？"

琬宜："很多啊！小孩生病我已经很紧张了，还要叫车，出租车又没有安全座椅，在医院一下要批假，一下要检查什么的，就很慌乱啊！然后医生看诊时间又那么短，我也怕自己漏问什么事情。"

咨询师（询问士豪）："琬宜对于自己带小孩去看医生有很多担忧，这些你们讨论过吗？"

士豪:"没有!她从来没有这样说过。如果她这样说,我就会理解。可是她跟我说的并不是单独带小孩去看医生的困难,她说的永远都是冠冕堂皇的理由——'你这个父亲怎么可以不负责任'之类的。好像我很烂似的。"

琬宜如果能表达自己需要丈夫的参与,而不是指责丈夫的不足,他们的关系多半能有所转圜,但这在实际生活中并不容易做到。试想,老公从一开始就比较被动,常常一肩挑起重任的女性逐渐忘了自己可以要求帮助,也不再相信"好好说"能够驱动丈夫,因此很难以"我需要你"的柔和口吻请求协助。每次都是撑到受不了时才开口,而且心理预期老公又会说出一些逃避的借口……结果当然要搬出大道理来说教,也就是老公所谓的"指责的口气"。这到底该怪谁呢?

变成一个无趣的人

你是一个有趣的人吗？他是一个有趣的人吗？

随便回想一出偶像剧，男女主角如果能活泼地恋爱，一定都有可爱之处——至少在彼此的眼中是如此。他们相处时，会产生一些关乎童心、性灵真切的表露，有时甚至只是让人捧腹大笑的一个小点子……

婚内失恋的伴侣则缺乏这些兴味元素。

一种状况是你真的变得很无趣——绝对意义上的无趣。不仅伴侣觉得你无趣，连小孩、家人、朋友都觉得你很无趣。为什么会变成这样呢？在很大程度上，那其实不是你的错。你可能是一个非常认真的人，一旦进入某种角色就努力、努力、再努力地做着该做的事。多年下来，你所熟悉的只剩下跟家人有关的事，你停止吸收其他领域的新知识，没办法关心其他事，因为你在意的家人的事已经占据了所有时间，即使有时间，你也不容许自己把心力花在与家人无关的事情上。另一半也许有着相同的状况。于是他也变得很无趣。日复一日用同样的方法做同样的事，加上年龄增长，人更容易对新事物产生抗拒，甚至对新的刺激感到恐惧。总是停留在自己的舒适圈内，当然会逐渐变得无趣。伴侣之中只要有一个人进入这种状况，彼此之间就很难有什么火花。而在此我必须强调：一对无趣的夫妻，也可以相知相惜，紧守着彼此，拥有别人不了解的甜蜜生活，但这不在本书的讨论范围内，因为他们并不会为失恋而苦恼。此处我们探讨的是：渴望恋爱感，却不知"无趣"是问题根源的妻子们。

无趣是生活气息的破坏者。与前文所讲的"绝对意义上的无趣"不同，有些人本身并不是无趣的，但另一半就是不合拍，或不懂得欣赏。在其他人面前，你是一个有趣的人，但在你的伴侣眼中，你非常无趣。

这实在是令人生气的状况——"我明明就很有魅力，世界上只有你看不到""你就像冰原一样让人感觉冷飕飕的""跟你讲话就是对牛弹琴"，这些抱怨都还算好的，还有更多妻子直接跟心理咨询师说："我老公简直是个活死人。"

会发生这种情况，往往是因为彼此关注的事没有交集，两个人的人生在往不同的方向发展。夫妻的兴趣、信仰、职业不一定要相同，但如果不同，一定要常常互相分享，如果不认真地保持交流，就会渐行渐远，不知不觉到了看不懂彼此趣味的远方。有位妻子持续地培养艺术方面的兴趣，但丈夫从来不看展览、不听音乐会，他认为"那些东西都不切实际"，在太太眼中，这丈夫很无趣，在丈夫眼中，太太也很无趣。有些男士喜欢运动，不断添置新的运动装备，例如高尔夫球、网球、杠铃等，但太太讨厌运动。在我接触的来访者中还有人对阳光与草地过敏，所以完全没有办法跟先生一起去运动。如果他们没有其他的共同关注点，就容易觉得另一半是无趣的。类似的情形很多，有些人关注的不是运动或艺术这些嗜好，而是小孩，所以即使在跟另一半讲话时，也不改跟小孩说话的模式。例如，夫妇两人独处时，妻子却这样说："你要把剩下的菜菜通通吃光光喔！"仔细想想，这种场景其实还蛮可怕的吧？

不管出于什么原因，只要无法继续扩展自己的眼界，整个人变得单一、平面化而不再有立体感，没有生机，没有新的可能性，就会沦为一个无趣的人。

遭遇婚内失恋时，女性经常会从惯性思维出发锁定问题，例如：我年老色衰，他看腻了；我生养孩子，身材走样，他就变心了；我省吃俭用，没有打扮自己，他就失去兴趣了。这些想法最终指向的结论就是"丈夫很没良心"。男性最常见的自扰想法则是"钱赚得不够多，被老婆看不起"，其实这些往往不是问题的根源，这些问题就算存在，通常也不会让婚姻中的良好感觉完全消失。许多夫妻仍然拥有美丽的躯壳和很好的成就，但从"人"的感性这一尺度来衡量，却真的很无趣，这才是爱缓慢流失的原因。

无法分享感受

情人之间什么都想分享，不管是感觉、思绪、体液、钱……但是失去了恋爱感的两个人，彼此之间隔着一堵墙，无法分享也无法穿透。

与伴侣分享情绪是一种能力。在短期的相处中，例如热恋期间，什么都拿出来跟对方讲，对方讲的什么都愿意听，好像很容易做到。但是进入婚姻生活之后，要长期保持这样的能力，就不是每个人都做得到的。

有些人天天都在表达自己的情绪，但是听不得对方表达情绪；有些人说不清楚自己的情绪，只觉得自己情绪不好时，对方有责任，所以一开口就像在抱怨，让对方喘不过气来；还有一些人整天逼迫对方分享情绪，但是他们的目的是赶快把对方的情绪处理干净，而不是支持或陪伴。这些都不是滋养爱的方式。

与依恋类型有关的心理学理论能够帮助我们了解这

种问题。回避型的人一旦有情绪，就会立刻退回到自己的安全堡垒内；而矛盾型的人有情绪时，反而需要抓牢他在意的人，巨细无遗地告诉伴侣自己的感受，希望伴侣能够了解。荣格心理学则以"内倾"与"外倾"描述这两种人的差异。如果伴侣双方类型不同，搭配得不好，分享情绪往往会演变为一场灾难。

进行伴侣咨询时，我们经常看到一方（宣泄者）滔滔不绝地抱怨另一方（冷漠者）多么冷酷无情，但冷漠者在终于抓住机会表达时，却会说因为不断受到情绪轰炸，自己只好保持沉默，拼命躲闪。所谓的"冷漠者"，也曾试图表达感受，但他们表达的感受总是被质疑或打压，即除非赞同宣泄者的感受——"你应该满意""你应该愉快""你应该感谢我"，不然别想有片刻宁静。因此冷漠者越来越不愿意谈感受，夫妻之间所有的情绪与问题便都留待宣泄者处理，于是宣泄者承受的压力越来越大，需要表达的情绪越来越多，角色越来越惹人厌，后来根本搞不清楚哪些是自己的情绪，哪些是对方的情绪，这就会让两个人之间的好感消失殆尽。

除了性格类型之外，夫妻沟通还牵涉文化中的刻板角色，丈夫的角色、妻子的角色、男性的角色、女性的角色……人们如果没有下很大的功夫去自省、自觉，就很容易陷入上述的僵局。这种与角色交织在一起的问题，是恶劣关系最常见的成因之一。不过，若能看懂彼此的人格类型，跳脱原本的沟通模式，就有可能成为所有关系障碍中最有希望改善的一种。

柔安和志伟

柔安的母亲年事已高，这几年身体状况并不是很稳定。柔安记挂着母亲，常常需要坐两三小时的车到母亲居住的镇上照顾她。志伟对此非常支持，柔安不在家时，他也常常帮忙——不只是家里面要共同分担的事，甚至还包括一些工作上急需回复的信件、搜集的资料……所以看起来他们在这件事上合作得很好，两个人也都觉得对方做了正确的事。

有一天主管对志伟说，公司选派他到欧洲接受为期六个月的专业训练，这项专训代表着他回来后可以获得升迁。

志伟跟柔安有过约定，如果一方需要在国外待超过一个月的时间，尽量两人同行，他们多年来都遵守着这样的约定。得知这个进修与升迁的机会时，志伟非常担心会给柔安带来压力，他想，这个时期要柔安出国几个月，应该很困难。她会记挂着母亲，也会对母亲有愧疚感，不过，总不能直接拒绝这个难得的机会吧？最后志伟提出来跟柔安讨论。

柔安听到之后，微笑着对志伟说："你做决定吧，如果你觉得这是一个很好的机会，那我们就去。"

志伟说："可是你妈那边没关系吗？"

柔安说："我可以处理，大不了我可以在有需要的时候飞回来，这边也还有我弟弟他们。"

柔安表现得好像自己没因这件事而困扰。然而，该答复主管的日期近了，志伟发现柔安都没有再对这件事表达任何想法，每次他提道："我是不是该回复公司了？我们确定要去了吗？"柔安总是说："我现在没有时间谈，你决定了我就会配合。"

志伟觉得虽然柔安说没问题，可是每次问她这件事，她的眼神都看向别的地方，表情似乎带着一些不高兴。于是志伟迟迟不敢回复公司。到了最后一天，他对柔安说："我现在必须做决定了,你可以跟我确定一下你是否赞同吗?"这时柔安变得很生气,她说:"我已经告诉过你,你决定就好,你一直问,是你自己有什么犹豫吧!不要把责任丢给我!"

志伟觉得自己的关心遭到了误解,他们大吵了一架。这场架翻出了很多问题,显现出两人内心层层的纠结与沟通的无望。

志伟:"我是担心你会挂念妈妈,所以才一直问你是不是确定可以出国。"

柔安很愤怒:"你一直问,不相信我说的我可以跟你去,是什么意思?我的确常常去照顾我妈,但我们家里该做的事我有哪件没做好吗?你对我花时间照顾我妈有什么不满?"

志伟觉得自己被冤枉了,他强调自己一向都很支持柔安去照顾妈妈,也做了很多事情协助她,但这却让柔安更加愤怒,她说:"原来你觉得做这些事很伟大?你觉得我欠你吗?"

我常想,一般电视连续剧里演的夫妻争执都太容易理解了。志伟和柔安这种莫名其妙一言不合,到最后完全理不清到底因何而吵的,才是真实生活中夫妻争吵的典型。

志伟跟柔安的心里到底产生了哪些活动?

柔安面临着照顾母亲和追随志伟到国外的两个选择，两者显然存在执行上的冲突，她因此感受到了压力，无法深入处理内心的多重感受与情绪，期望自己两边都能兼顾。她不愿成为志伟事业发展的障碍，也不能不照顾母亲。那么，忽略丈夫与母亲的需求，她自己的意愿又是什么呢？跟随丈夫出国，应该能获得一段合理的喘息期吧！那就让弟弟多负担一些照顾母亲的责任吧……但这种念头马上又引起了罪恶感。对于这些复杂的情绪，柔安自己无法认识并加以思考整理，便暗暗将其转移到敏感的志伟身上。

当志伟一再要求柔安确认时，他也面临着两难。如果真的要体谅妻子，就该干脆直接放弃进修与升迁，但他很想把握这个机会，也就是说，他其实知道自己在要求妻子配合，他有点担心这样做太自私，因此想要得到妻子百分之百的保证，确认她是自愿配合的，这样他的愧疚感就可以少些。柔安察觉到志伟的这种心态，因此感到愤怒——你明知自己需要我的配合，明知现在需要我做一件为难的事，那么与其一直来跟我确认，不如坦诚地说"谢谢你在这种压力下还愿意支持我进修"吧！两人都不愿意承担愧疚感时，事态就会变成这样。

　　将事情摊开讨论之后，柔安逐渐认识到自己压抑的感受，对于自己经常要离家去照顾母亲，她其实有些心虚，担心志伟觉得他不受重视，所以她很容易怀疑志伟对她有所不满；而志伟在支持柔安时，也会忽略自己的感受。这对夫妻都认为自己可以完全为对方着想，但他们把个人真正的意愿摆在哪里了呢？没有意识到的个人意愿，终究会在潜意识中制造负面情绪，并且以曲折的方式表现出来。夫妻如果没有办法坦承自己真正的情绪，合作探索彼此无意识的心结，那么不管觉得自己多么努力地配合另一半（像柔安和志伟），还是会渐渐体会到距离感。与自己内心真实感受有距离的人，跟另一半也一定会有距离的。

纵容对关系有害的行为

在关系变得不好之后，夫妻就更容易抱怨另一方做了某些让自己心灰意冷的事，例如"他做决定之前都不问我的意见，一点都不尊重我""我觉得他把我当成用人，呼来唤去，挑剔我做事的方法，做得好是应该的，做不好就一定要挨骂""对于我的穿着、身材毫不留情地批评，我只是看着电视上女明星穿了一件漂亮的衣服，情不自禁地说'那件好漂亮，我也想买！'他就和小孩一起奚落我说：'穿在你身上能看吗？'"还有更多，几乎家庭生活的每个层面都有可能抱怨一番——"他的父母态度很差""他的姐姐很讨厌"。

让我们暂停一下。好的，他的确做了很多让你心灰意冷的事，难怪你没有办法给他好脸色，难怪你们的关系会逐渐冷淡，甚至变得敌对，但现在，让我问一个问题，你曾试图阻止他吗？你曾温和而坚定地提醒他，这样的行为会伤害你们的关系吗？还是，除了忍让之外，就只有反唇相讥，等待机会反击？

两个人对于维系关系的质量都有责任，试想，当小孩因为横冲直撞破坏了家里重要的东西，或是伸手打人时，我们会怎么做呢？当过父母的人都知道，这时必须为孩子设下有帮助的界线，例如，冷静地告诉他不可以打人。对于大一点的小孩我们会说："你很生气，但你可以说出来，打妈妈并不会使问题得到解决。"于是在我们的帮助之下，孩子可以知道在什么样的界线里他是安全的，在什么样的界线里他不会伤害到对他很重要的人。这种界线对父母也很重要，可以帮助我们更好地爱孩子。这么简单的道理，却常常被夫妻忽略。当另一半毫不顾虑地批评、贬损、疏忽伴侣，做出让人受伤的事时，有没有什么方法为彼此设下一条保护性的界线呢？

在前文的例子中，当丈夫带着孩子讪笑妻子的身材时，如果妻子觉得难过，就应该正色说："你们这样说，我很难过！"他们也许会在尴尬中不以为意地说："喔，你不要那么小题大做好不好！有那么严重吗？大家开开玩笑，你不要破坏气氛！"好吧，你可以静静和家人看完那个电视节目，但事后你必须找时间，冷静地告诉伴侣，如果他老是这样做，你会感觉不被欣赏，而你不希望彼此之间产生这种不好的感觉，这就是一个"设限"的行动。

就像在人际关系中，我们不会容许别人随便攻击或羞辱我们。如果任凭对方一直在情绪上伤害我们，则很难避免自己在某个时刻进行反击，而这些互相的攻击就会一点一滴地破坏关系。久而久之，我们只觉得跟对方在一起总是剑拔弩张，不然就是悲伤心痛。当他不再是鼓舞你的人，不再能让你肯定自己的价值时，由此产生的无价值感和不被欣赏的感觉，会让你失去生的气息，这就涉及前文我们谈过的内容——在他的眼中你会越来越无趣。而在你的眼中，他更无趣，甚至比无趣还糟糕，他已经成了伤害你的来源。

当伴侣中的一方做出对关系有害的事时，另一个人需要找到方法进行阻止。这不是一种严厉的反击，而是一种引导，一种为了彼此而设置的保证。关系就像一片需要维护的草地，我们必须温和地告诉游客如何爱护草地："请温和地对待它，不要任意践踏"。不让自己被爱人践踏，才能确保自己不会去践踏爱人。其他对关系更有害的行为，例如出轨、欺骗、窃取金钱，或是不沟通、不努力改善关系，却通过外遇来解决自己的需求等都是常见的伤害关系的行为，另一方不能以无限的隐忍来应对，必须摆出开放但坚定的态度，让对方知道他的行为已经触及自己维系这段关系的底线。夫妻之间如果缺乏这种维护功能，爱也很容易消失。

第三章

停止恶性循环

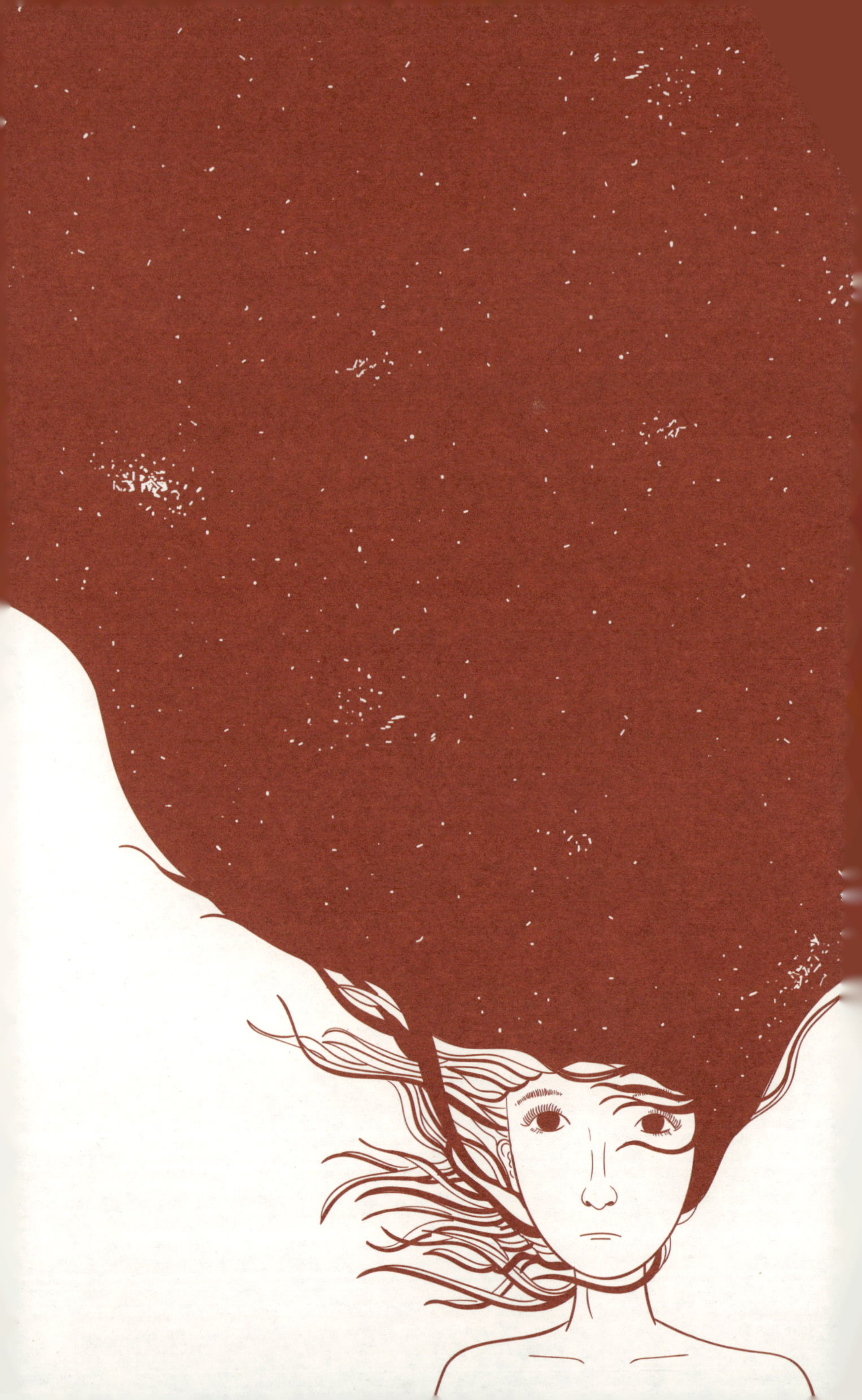

上一章并非旨在解析夫妻关系为什么会变冷淡，而是试图指出"夫妻之间恋爱感的消失，往往出乎意料，而且不是努力做什么就可预防的"。这种局面一旦出现，就会让人有身陷地狱的感觉，并不禁无助地问："真的怎么做都没有办法好转吗？"

这是因为，在感觉不到配偶的爱又无法离开时，出于本性，人们会做出一些被抛弃时的典型反应，这些反应和先前的潜在问题共同构成了恶性循环。在恶性循环中越用力挣扎，循环的恶效应便越会加剧，关系不仅不会得到改善，反而会变得更糟。

如果期望有一天摆脱婚内失恋的痛苦，就一定要懂得停止恶性循环。

毫不在乎或饥饿的眼神都让人想逃避

两人的关系如何,眼神可以泄露一切。

毫不在乎或饥饿的眼神,都会让人想逃避。偏偏这就是失去爱的女性最常流露的东西。

一种是整天盯着对方,眼中燃烧着饥饿的欲火,无言地说着给我爱、给我爱,跟我讲话,触碰我……这一定会让伴侣感到自己无法满足你,因为压力而本能地抗拒(这里指的是在婚内失恋的状况下,如果两人感情很好,这样没什么问题)。恋爱就是这么奇怪的东西,当对方的爱停止燃烧时,看到你的熊熊烈火(或是要扇动欲火的风),他只会害怕被烧掉。

另一种是因为生气而不想理睬对方,摆出毫不在乎的样子,既不想互动,也不想表达自己的需要,这当然也让人觉得没有必要接近你(甚至觉得你根本就是一堵墙)。会产生这种反应其实是因为内心过度受挫而采取了防卫的心态,后文将进行更详细的说明。

想要停止婚内失恋的恶性循环,就从眼神开始调整吧!

一旦开始用怨妇的口吻说话，
关系将越来越糟

失去恋爱的感觉，有那么糟糕吗？需要改变吗？

这真的因人而异，有些人根本不在乎生活中有没有恋爱感——有个稳定的家，每天可以看看电视，自己吃不完的东西可以塞到另一个人的胃里，冬天时被子里不会那么冷，要搬重物时有人可以帮忙，地震停电时可以互相壮胆，这样就很好了，甚至还觉得自己比没结婚的人有优越感。对这样的人来说，没有恋爱感真的没关系，不需要受别人影响而开始怀疑自己的婚姻。

但是，与此不同，有些人如果没有恋爱的感觉，就会浑身不对劲，有位女士告诉我，那感觉是"全身细胞都吸不到氧气，只是不断地累积废物"。而另一位女士，一直"找不到言语描述婚姻的痛苦"，有一天带两岁的孩子去捞鱼，小孩问"鱼为什么要放在水里"，她不假思索地回答"鱼没有水会死掉",话刚说完,突然醒悟这就是自己婚姻的现状,不禁泪如泉涌。对这样感性的人而言,修复关系、汲取需要的爱之氧气,是生存所必需的。

婚内失恋这种问题,绝对不像未婚失恋一样可以快速地解决。那种"看清他不爱你,勇敢离婚吧"的简单口号,或许可以一时激励人心,但并不能解决深层的纠结。我所见的大部分女性,在放弃婚姻之前还是想尽力尝试挽回恋爱感。但这事的奥妙在于,能不能唤回爱,取决于智慧、勇气、耐心、时机以及命运,拼命想要唤回爱却不谙其道的人,稍有不慎就会变得很像"怨妇"。

我们都很熟悉怨妇的模样——一脸哀怨,她会说:"你都不想跟我说话吗?""你很久没有正眼看过我了。""为什么你都不会想找我一起做点什么?""你最近在忙什么?""我都快不认识你了。"

这些话反映了对彼此距离的担忧,也带着某种需索的意味,这样说如果引不起丈夫的回应,她们会更进一步——"我难道不是一个称职的妻子吗?""我是你老婆，一个老婆不该得到老公的一些关心吗？""你觉得我们这样还像夫妻吗？""我们多久没有性生活了？""你这辈子都不打算再碰我了吗？"还有一句要个中之人才能体会："你现在为什么都不用我用过的汤匙？"

为什么会开始用这种口吻说话？我想，这不是任何人自发愿意的。被失恋的感觉逼到无奈的境地，就很容易掉入这种角色。一旦开始使用这种口吻，关系就会越来越糟。这种态度给人一种"你欠我什么"的感觉，如果丈夫有一点人性，对两人的关系还有一点道德责任感，就必然感受到强烈的压力。而人对于压力的本能反应是逃避。

没错，人对于压力的本能反应是逃避。

再强调一次：人对于压力的本能反应是逃避。

之所以强调三次，是因为大多数人都不愿意认真对待这个事实。对方明明已经躲着你了，你还继续施加更大的压力，好像是自己给的压力不够，对方才没有乖乖回来。

而那些对婚姻关系没有道德责任感或认同感的丈

夫，只觉得家里的怨妇像只乌贼，老是要喷墨汁污染他的视觉、听觉和感觉，他们感受到的或许不是压力，而是厌恶，结果一样是逃离。视线能不接触老婆就绝对不要接触，肉体上也是离得越远越好。

无论如何，停止恶性循环的第一步就是认清自己的状态，对伴侣说话前，先想想：要是自己面对着一个自拍镜头，播出来的影片会是什么模样？对着老公的你，是不是嘴角下垂、露出深深的法令纹？你的眼神是不是空虚、黑暗、含怨不满？

爱是一种美好、愉快的感觉，它绝对没有办法用黑暗的方式索取。

华人文化中的"女鬼"意象，跟怨妇有相似之处，就是阴气缭绕。如果想要让自己活在光明里，一定要觉察自己是不是已经被无爱的婚姻掏空，失去生命之"阳"，而处在一个空虚无底的"阴"的状态。这比喻或许有点夸张，但许多婚内失恋的人，真的都在不知不觉中变成了这样。生活没有乐趣，不再照顾自己，任凭自己荒废。不论是在丈夫，还是在他人的眼中，你都越来越让人无法接近。

在米兰·昆德拉的小说《生命中不能承受之轻》[①]中，女主角特莉萨做了一个梦：

我被埋掉了，埋了许久许久。你每周来看我一次，每次你敲敲坟墓，我就出来了。我眼里都是泥。

你总是说："你怎么会看得见？"你想把我眼里的泥擦掉。

我总是说："我还是看不见，我的眼睛已经成了空洞。"

后来有一天，你要去长途旅行。我知道你是同另一个女人一起去的。几个星期过去了我害怕同你错过。就不睡觉了。最后，你又敲着坟墓，但是我整整一个月没睡觉，已经累坏了。我想我是不能再从那里出来了。我终于又出来时，你显得很失望。你说我看来不舒服。我感觉得出，我塌下的两颊和紧张的姿态在你眼里是多么难看。

我道歉说："对不起，你走以后我没合一眼。"

"是吗？"你的声音里全是装出来的高兴。"你需要好好休息，需要一个月的假期！"

别以为我不知道你想的是什么！一个月的假期，意味着你一

[①] 米兰·昆德拉，《生命中不能承受之轻》(*L'insoutenable légèreté de l'être*)，皇冠文化。引文稍有修改。

个月内都不愿来看我，你有另一个女人。你走了，我又掉进了坟墓。我心里完全明白，接下来的一个月自己又会不眠不休等着你。你再来的时候，我会更加丑，你会更加失望。

昆德拉写道：特莉萨的丈夫"从没听过比这更惨痛的东西"，"他想，他再也不能承受这种爱了"。

寂寞者的梦魇，如此悲伤的恶性循环。

绝对不能待在坟墓里等待，一定要想办法跳出来。摆脱越来越像鬼的命运，必须告诉自己："我要活着。"

"我要像一个活着的人。"

"对"或"错"的简化思维让彼此无法互相了解

彼此之间出现距离之后,很难谈感觉,要跟对方表达"我爱你"和"我等着你再爱我"好像太冒险了,万一被对方奚落,碎裂的自尊要如何收拾?因此处在这种状况的人倾向于只谈"对"或"错",这是另一种恶性循环。

试想,对着一个已经不愿靠近你的伴侣说:"你这是对待家人应有的态度吗?""我要求你偶尔跟我相处一下,这样有错吗?"或"一个月至少也要有一两次性生活吧?"还有更让人反感的"专家说……",这种诉诸道理、谈论对错的语言,能够为失去爱的关系带来什么呢?

极度伤心的一方勉力维持着最后的自尊,试着跟另一半讨论婚姻的问题,但却屡次遭到拒绝。羞辱感让她无法再诉说真诚的感觉，转而援引大道理，希望借此说服对方。充满了"对""错""不应该""难道"的语言，是一种简化的语言，无法帮助沟通。另一方要么被激怒，回答"这是哪里的规定""书上写的关我什么事"或"你真的让人受不了"，要么就是沉默。选择沉默的人可能占大多数，因为这种话实在没有什么好回答的。爱侣之间不需要谈论该做什么和不该做什么，到了需要争论该与不该的时候，则意味着那种自愿爱护对方的动机已经消失了。

试图用说教的方式恢复两人的互动，通常只会开启恶性循环，并且让对方更无法回应。在这样的状态下，彼此绝对不会加深理解，那个不断地被质问"为什么不做对的事""为什么要做错的事""为什么这么过分"的人，只会越来越觉得"难怪我不想跟她相处"，也越来越没有意愿去了解妻子的感受。

如前所述，爱情消失的原因有很多，若想了解，必须经过多层的重新认识，有时甚至要和无意识打交道。两个人之间的墙，不可能是一个人筑起来的，通常两个人都脱不开干系,想拆开这堵墙,探明彼此真正的想法,需要很多进退的空间,也需要很深的信任。如果话里话外都是"对"或"错",就等于告诉对方"你什么都不用说",也是有意无意地在表达"我并不打算了解你真正的想法"。

佩琦与建升

发现建升外遇之后,佩琦问:"你犯了这么可怕的错,现在应该要结束一切,好好地回家吧?"建升说,是的。

但事件落幕之后,建升一直很冷淡。佩琦说:"犯了那种错,你有什么资格用这种态度对我,你难道不该尽力修复我受的伤吗?"建升总是不说话。在佩琦多次激动地重复这些话后,建升也激动地说:"对!我是罪人!这样可以吗?"接下来,他按照佩琦的要求,每天报告行踪,下班后也都待在家里,但是他待在家里时都处于槁木死灰的状态,佩琦说:"他破罐破摔,人在、心不在,肉体在、灵魂不在。我完全不知道他在想什么。"

心理咨询师建议她邀请建升说出对于外遇的想法,佩琦说:

"无论我怎么要他说,他都不愿意说。"之后他们开始了婚姻咨询,咨询师发现佩琦所谓的邀请,是这样的:"你为什么会犯下这么可怕的错?"面对这样的质问,建升又如何能表达自己的主观经历呢?

当佩琦用对与错的方式发问时,她其实非常害怕听到丈夫的真实想法,戴着对与错这样一顶大帽子,表面上是在邀请丈夫沟通,事实上却是在防止丈夫说出她不敢面对的事。

万一丈夫描述他与外遇对象的感情,万一丈夫说他对自己已经没有感觉了,该怎么办?

经过许多努力,佩琦才慢慢建立了听建升表达想法的勇气,她试着放下预设对错的说话方式。建升也表达了在过去二十年的婚姻中,他常常感到自己并不属于这个家,例如每年寒暑假,佩琦总会跟小孩规划好去哪里旅行,都已经跟旅行社订好了,才告诉他今年要去哪里。建升说,他觉得自己只是佩琦完美人生剧本中的一个棋子。

佩琦:"我一直以为你不觉得事情由我决定有什么不好,你为什么不告诉我你心里不舒服呢?你怎么能连表达都不表达,就用外遇来惩罚我呢?"

建升:"也许我缺乏了那种表达的能力吧。"

就这对夫妻来说,丈夫个性比较温暾,不擅沟通表达,遇到问题就搁着,很多事情都由太太承担。但这并不表示他没有情绪,每当不受重视的感觉出现时,他只任凭它不断累积。他们在咨询中看到了这个问题,也了解了婚姻危机并不是单方面的错,而是他们失去了一种互相维系、帮助对方满足自己的功能。抛开对错是非,开启新的了解之后,他们得以停止指责与逃避的恶性循环,寻求新的相处之道。

虚假讨好只会让自己更被忽略

感觉另一半越来越冷淡时,不同个性的人会有不同的反应模式。在性格上属于矛盾型依恋的人,常会做出讨好的行为,对方越是远离,具这类个性的人越是紧追。明明对丈夫非常愤怒,却能在一瞬间把愤怒藏起来,用更多的笑容为对方提供更多的服务,希望借此维系彼此的联系。

佳安

前晚佳安与丈夫又吵架。老问题,他回家太晚,也不交代去了哪里。

早上起来,丈夫已经坐在客厅看报纸了。她经过他面前,说了声"早",他连理都没理。

每次吵架都是这样。心里的警铃轰轰作响:"问题真的很大,这个人为什么要这样对我?难道我往后一辈子都要这样过吗?"她觉得难以忍受,她一定要做点什么。

她走进厨房,打开冰箱,拿出两个苹果,那是丈夫最喜欢的水果。她开始削苹果、做果汁,倒进干净的玻璃杯,插上了吸管,端到客厅,笑容满面地说:"给你做了果汁。"丈夫的视线没有离开报纸,接过果汁,若有似无地点了点头。看着他的反应,佳安心中累积了更多愤怒:我那么生气,不但没有指责你,没有制造争吵,还为你做了些好事,我已经对你示好了,你竟然还是没有回应!

但这位丈夫看到了什么呢?

如果他知道妻子心里愤怒又痛苦,但妻子却摆出了笑容,还做了一些讨好他的事,他可能不知道该选择跟妻子的哪一种情绪相处。基于怕麻烦的习惯,他当然会选择相信妻子没事,她还能笑,还能做果汁给他,那何必要处理呢?他可以继续忽略妻子的愤怒或痛苦,习惯着她的讨好。

但佳安这方的讨好并非真心所愿,它是一种害怕失去爱、强迫自己讨好别人的习惯。既然是强迫,就不是真实,而是一种虚假——用来掩饰内心的焦虑。这些做法会让真正的问题进一步被忽略。有人以为讨好丈夫是一种策略，但这种讨好如果是违心的，就是一种很糟的策略。

太太们常说："我不想失去这段婚姻，所以虽然心里唾弃他到极点，仍然必须好好地演下去。"接着咨询师往往会说："这样演下去，有意义吗？"

太太们悲痛地说："外面的女人都很会演（她的丈夫曾有外遇），我何必要真实呢？""男人就喜欢女人甜言蜜语、逢迎谄媚，我也会演！"

这样演下去，到底能够获得什么？愤怒累积得越来越多，终于到了无法消化的程度，最后排山倒海而来的是对丈夫的攻击。此时想要毁灭生活共同体的冲动也非常强烈。这恐怕不只是恶性循环，而是恶性倒塌的前兆了。

如果关系需要挽救，可以尝试很多方式，但绝对不要虚假地讨好。

防卫的反应制造更多误会

除了虚假讨好之外,另一种典型的反应是采取防卫。

这可以从婴儿的本能来说明:当一个婴儿迫切地需要照顾者的关爱,也就是大人提供的照顾不稳定或匮乏时,他(她)会尝试不断地呼叫,试图引起照顾者的注意,但有些婴儿却因为多次的挫折与绝望,陷入一种不想跟照顾者有所联系的状态。

前一节中描述的是越感到失去爱就越努力讨好对方的人,本节说的则是另外一种极端的性格:即便一开始尝试讨好,也很快就觉得没有意义并停止;甚至一开始就尝到挫折感,为了保护自尊而采取"防卫的态度"——为了抵消"我被他拒绝"的挫败感,夸张地表现出"其实是我拒绝他"的样子。内心感觉被对方抛弃,期望着对方的爱,表现出来的样子却是不想理睬对方。眼神的躲避、生活的隔离、"他过他的日子,因为我不让他靠近"……看起来像是妻子拒绝丈夫在先,但妻子之所以会这么做,是因为一开始感受到了丈夫的忽略。在缺乏沟通的状况下,久而久之,丈夫和妻子都相信了这个共构的剧本:是妻子拒绝着丈夫。

咨询师尝试协助处于这种状态的夫妻时,常常会感到困惑,看不清到底是谁开始疏远谁,谁在拒绝谁。这时,必须细心而敏锐地观察,才能看懂:其实是一方因为得不到想要的关注,转而采用防卫方式,而另一方则顺势变成被拒绝者——反正他本来就不想亲近对方。

为什么要防卫?最简单的作用就是:如果我不需要你,我就不会被你的冷落伤害。

防卫拉长了两人之间的距离,这也是婚内失恋常见的恶性循环。有时丈夫虽然在夫妻的层面态度冷淡,可在家人关系的层面上,还是愿意维持和谐,但妻子却全面拉起防卫,连仅有的一层家人关系也破坏了。这常会使妻子更感到被孤立,因为其他的家人(最常见的就是孩子)只看到她不合理的态度,看不到她内心的伤痛。看到妈妈老是充满敌意地拒斥爸爸,不明就里的孩子往往会认为父母关系不好是母亲的错,因此对母亲不满。

即便感觉丈夫无理地对待我们,也必须把持自己,不要挟怨报复,不然自己就会变成孩子眼中无理的人。这是身为母亲和妻子的难处啊!既不能虚假讨好,又不能过度防卫,妻子们需要高度的自我觉察和自信,还要愿意自己照顾自己。

很多妻子都说:"我早就在自己照顾自己了!"从丈夫那里得不到关心、热情和爱,觉得这丈夫对我的人生真是一点帮助也没有,既然什么都得我自己来,又何必给他好脸色呢?

你要是还有这种感受,则表示自我照顾的心态还不够成熟。放下期待,告诉自己:丈夫本来就没有照顾我的义务。除去被亏欠感,跳出想要反击报复的陷阱吧!

外面的人只是那根稻草

觉得丈夫不再爱自己的女人，常聚焦于猜疑：他是不是外面有人。

"我很想知道他外面有没有别的女人。一个男人怎么可能这么久都没有性需求呢？他几乎从来不主动找我，就算我主动，他也是推三阻四的。"

"人难道会没有聊天的需求吗？他都在跟谁聊天呢？"

"人总需要一点休闲活动吧，他都没有带我出去玩的想法，比如做些运动啊，踏青什么的，他应该是上班时偷溜出去或者在我不知道的时候带谁去玩了吧？"

心中有这些疑问的人，往往已经偷偷花了很多时间观察或调查另一半。拜科技所赐，现在的追踪方法更为复杂，从早期只能打办公室电话、寻呼机，到现在用手机视频通话，甚至使用卫星定位仪器，或要求老公始终开着行车记录仪……我从客户那里还了解了更细致的方法,例如如何监督汽车的里程数、从发票中看出蹊跷……实在有太多可以追踪的。

不过,即便花了这么多工夫,大多也不能追出什么答案。不断猜测、追查另一半有没有别人,多半只是让自己有个施力点,因为无爱的婚姻实在让人彻底无力。

张太太:"如果确定他外面没有人,那我可以接受老夫老妻的生活就是如此,其实也不是不能过,爱情不是必需品,没有性生活也不会死,聊天找朋友就可以了!"

咨询师:"那如果他外面有人,有什么不同吗?"

张太太:"那当然不同!如果他还有谈恋爱的力气,为什么不给我?这样的话,我就不能忍受这种日子了!"

这微妙的反应,隐含着什么样的心思呢?

没有办法确认现在的关系合不合理,没有办法决定我要不要这种没有爱的生活,所以想拐个弯,如果对方是一个给不出爱的人,也确定没有外遇,那就接受精神上的挨饿吧！可要是他可以给别人爱，那就绝对要奋战到底，把爱抢回来（其实多半只是把那个能够激起丈夫爱意的女人赶走而已）。万一真抓到外面有人，虽然悲伤，却会燃起一丝希望——"我们关系不好一定是外面那女人害的，解决掉她，婚姻就会恢复正常吧！"这也许就是所谓"破坏家庭"的概念受欢迎的原因吧（当年到底是谁发明这个名词的）！

用心思考出轨始末的人，往往会有不同的了悟。所谓外遇，如果是短暂的火花，大多是因为老公喜爱风花雪月、性格软弱或自制力低下。所有第三者之中，只有少部分可以动摇别人原本不错的婚姻，大部分见光之后就很难延续，能够"破坏家庭"的真没有那么多，不然也不会有那么多"小三悲歌"。那些会严重威胁婚姻的外遇事件，例如老公迟迟不愿跟第三者分开，或者老公持续对小三很好，却对老婆恶言相向，甚至摆明了说"我不可能放弃她"，则通常表明这种男人与老婆的婚姻本来就有问题。归纳起来，如果婚姻"体质"不差，小三最终是可赶跑的（有空再去赶就好了）；如果婚姻"体质"

差,那么赶走一个小三可能还有下一个,就算没有她们,老公也不会回头亲近老婆,因此实在不值得花那么多力气追查。不要紧的外遇是偶然,要紧的外遇是压垮婚姻的那一根稻草。别忘了,稻草会压垮骆驼,是因为骆驼本身扛的东西已经太重了!以婚姻来说,就是本身的结构已经出问题了。

　　情欲是考验人性的一场地震,正常的婚姻建筑在摇晃之后应该还能好好地存在。不少当过第三者的人,都这样描述自己的觉悟:"虽然他口口声声说爱我,但是在偶然的机会下我惊讶(崩溃)地发现他跟老婆的关系其实挺好!"如果夫妻之间没有太大的问题,外遇被发现,通常就会以分手告终。虽然婚姻会累积一堆肮脏的东西,但假以时日可清理掉,关系亦可恢复良好。如果因为婚姻关系不好,两人无法满足彼此,其中一方(或双方)才向外寻求温暖,那么,就算解决了外面的状况,两个人的关系也不见得会变好。如果婚姻已是干涸的池塘,鱼当然会往外跳,想到别处濡湿身体,你愤愤不平地把他抓回来,他不是拼命再跳出去,就是要死不死地待着。

花费无数心力追踪小三,或是追踪根本不存在的、幻想中的小三,岂不是浪费自己的生命吗?没有爱的婚姻已经很消耗生命了,还要学做侦探,是不是很悲哀呢?

请认清一个事实,婚姻中没有爱就是没有爱,这你自己就可以确定,不需要找到第三者。幻想消灭了对手和混乱的制造者,就可以重回爱的天堂,又如何呢?执着于这样的想法时,就算丈夫没有出轨,你那种疑神疑鬼的模样、假信号引起的焦虑,也会让两人的关系更加紧张。紧盯对方、担心他有没有外遇,会让男人更轻视你。

某丈夫说:"她只关心我有没有在办公室里,她打视频电话来,一看到我在办公室就准备挂了,根本不打算和我说点什么。她对外遇的关心胜过对我本身。"

失去爱的时候,当然会想要奋力一搏,但如果押错赌注,则可能连本来拥有的都失去。

很多人误以为,如果老公没有外遇,那我不管怎样追踪都不会让他不愉快,只有心里有鬼的人才会生气。

在婚姻咨询的工作中，我发现并非如此，有很多男性对于太太查行踪、把自己当贼的恶劣态度非常反感，觉得自己不是真的被在乎，而是像婚姻的囚犯。因为人对于被盘问本来就反感，所以想从老公被查勤时的反应推测他有没有小三，常常是无效的。

长期雇人跟踪丈夫的某太太，几乎可以确认他并没有外遇。她陷入沮丧，说："本来以为丈夫是因为爱上别的女人所以不再爱我，现在看起来，他的世界没有任何别的女人，就是不愿爱我而已。"

到底哪样比较惨？因为有更可爱的女人所以不爱你，还是，即使没有别的女人，也不愿意爱你？

还是关注自己真正的感觉吧！如果没有爱，那就试着寻求出路，寻求生机。只想揪住敌手加以消灭，是无法解决问题的。

以上列举了一些失恋之后会让关系继续恶化的无效尝试，那么接下来我们该好好思考，既然已经到了这步田地，能做的是什么？

第四章

追寻他的背影或转过来看自己

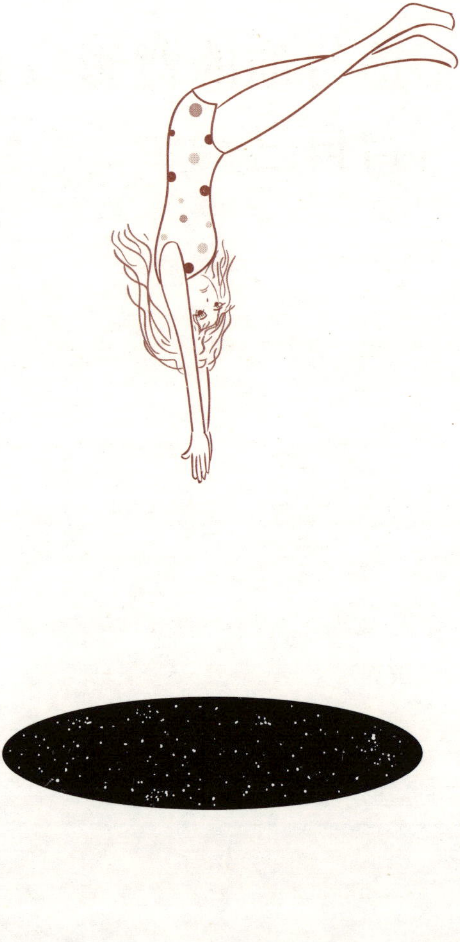

婚内失恋者最常问的是:"如何赢回他的心?"

进行心理咨询时,我常发现这些女性不太有兴趣谈论自己,需要经过漫长的努力,才能鼓励她们把关注点放回自己身上。接着她们又免不了问另外一个问题:"前天他又不说去哪里就直接出门……我努力了这么久,现在竟然还会因为他的行为而难过,我对这样的自己非常失望。"

其实这是必经的阶段,因为婚姻仍然存在,所以一定会持续面临要不要努力修复关系的问题。如果非常努力却一直得不到回应,当然会很恼怒,但如果不继续努力,视其为准离婚状态而过着自己的生活,是否又会怀疑自己放弃得太轻易?处于这种自我质疑的矛盾中,就必须了解这两端的拉扯定然存在。两端之间,哪里才是适合自己的平衡点?这就需要深入的心理探索以及诚实的自我观察,甚至要做很多实验,才能找到属于你自己的独特平衡点。

那么要不要继续努力修复关系呢?首先可以试着评估自己与伴侣的互动。例如,表达一点对于彼此关系的感受或期许,看看对方如何回应。回想一下前文提到的冰冷的婚姻寒窑,每一桩都有它独特的过往和不可思议的原因,另一半会如何回应我们表达的感受,也只有试了才知道。对方可能给一些回应,甚至愿意做一些调整,也可能给出很糟糕的回应,例如"我不想听这些",也有丈夫无情地回答:"你再继续这样找麻烦,我干脆不要回来了。"回应好的话,就可以一点一点地深入沟通。

不过,如果回应不好,就要停止沟通吗?这里又出现了一个需要检视的环节,如果每次表达感受,对方的回应都很不好,有可能是表达方式出了问题。也就是说,表达对于婚姻的感受时,你可能落入了一些心理上的陷阱,受到某些心理因素的干扰而不自知。在两人关系已经变得紧张或冷淡时,如果要表达感受和期待,则需要留意几个基本的原则:坦承需要、避免指责、不谈道义与责任。

  它们是简单却极为有效的原则。

  接下来,我们会仔细探讨如何进行有效的沟通。

检视沟通的可能

婚内失恋的人常自述"我说出来的话总是无法得到他的回应",其中的问题通常有以下几种:

无法说出对爱的需求

"我不断地寻找文字或词语,希望借以形容我的感受,但是我说出来的话都不到位。"很多人认为真正的感受是无法言喻的,能说出来的都不是最真切的,这种观念害惨了许多夫妻。试图与冷淡的伴侣沟通时,唯有直接说出"请关注我,我需要你的爱",才有可能跟对方重启联结。不管是恢复旧有的联结,还是建立新的联结,都需要这种直接表达所需的诚意和勇气,可是一个长期被冷落的人很难这样说。心里想的是"今天晚上我想跟你一起吃饭",说出来的话却是"又不回来吃饭?

你把家当旅馆吗？"或"你有没有关心过我吃什么？"带着敌意的话语把人推得更远，说这些话的人内心却呼唤着爱。

如果你认为自己已经尝试跟伴侣沟通过，却没有得到善意的回应，不妨检查一下自己沟通的方式。例如，说出以上话语的太太们都说："我试过了啊，我跟他表达希望跟他一起吃饭，希望他多待在家，但是他都不愿意。"而进一步探讨她们是怎么说的，便会发现真正的情感并没有被表达出来。

如果你习惯说这类出于防卫的带刺的话，那么，丈夫不好好回应，也不见得代表你们之间已经没有希望了。试着直接表达你仍然期待着他，需要他的爱，就算他没有同样的意愿，也不至于恶言相向，让这样的柔软态度持续一段时间，如果伴侣还有一点对你的感情，就会感受到你的存在和你的邀请。

指责的口吻

不论沟通的立意为何,指责的口吻都容易导致配偶抗拒。

长期感受不到丈夫关爱是非常寂寞的境遇,妻子不免怀疑自己的价值,就算表面上不承认,在内心深处,多少也有些焦虑:我是不是哪里不好?年老色衰?失去趣味?加上伴侣间的争执,被贬低、指责、拒绝的羞辱感让妻子觉得自己似乎不值得被爱。

虽然很用力地抗拒这些想法,在试图沟通时,内心却不安地认为"我不能直接索取爱""我不能直接要求更好的对待""如果直接要求一定会被拒绝"……如果内心有这种自我怀疑,就无法说出直接的话语,而会搬出很多大道理,例如:"你可以讨厌我,但不能用这种态度对待家人"或"我做错了什么吗?如果我是一个尽责的妻子,你也应该尽你的本分"。这类话语得不到丈夫的好好回应,也在情理之中,实在不能就此定论跟丈夫"不管怎么沟通都没有用"。藏在大道理之下的,其实是妻子的自我怀疑、被伤害的自尊，以及对被抛弃的恐惧，这种沟通方式无法让对方听见你的脆弱和期待，他只会把你和那些坚硬沉重讨厌的道理等同起来。如果关系已经有了裂痕，这样说话只会让裂痕越拉越大。

如同第一点所说明的，沟通时务必坦承自己的期望，而期望需要以一种个性化的方式表达，千万不可概论化。例如，你可以说"我很怀念以前跟你一起逛街、看电影，我想要再跟你一起逛街、看电影"，而不要说"夫妻应该要有一些共处的时光，你这样做根本不会让婚姻持续下去"。

或许这份期待有点特别，但我的确如此期待着你。这不是你非做不可的事，也没有人规定必须这样做，但我是这样期待、邀请着你——试着用自己熟悉的话语，坦然表达如此的诚意吧！

无法表明底线

有些伴侣长期陷在恶性循环中，由于一直以来的互相攻击与反击,两人的互动会残酷得令一般人难以相信。到了这种阶段,如果想要开始沟通,必须能够精准地描述对方做了什么过分的事。但是请注意!这种描述,重点在于表明自己承受的底线,而不是说教。前文讲过,对丈夫说"你这样做不对"是无效、不良的沟通,所谓"过分"并非基于空泛的大道理,而是个性化的、关涉感受的,即你需要明白地点出你感受到的恶意。这里涉及的并不是真正有肢体暴力的伴侣,我想那种情况需要另外写书讨论。这里所指的,是情感上的攻击,如果丈夫的态度非常离谱,你必须很冷静地说你感受到他的敌意了。这就像是,当一个小孩任性地伸手抓人时,父母必须握住他的手,冷静地告诉他:"你把我抓伤了。不可以再抓我了。"

对应到夫妻之间,例如第一章提到的陈太太,和丈夫在同一个公司工作,午餐时分在电梯中遇到,丈夫竟然对她说:"我不想跟你一起吃饭。"如果这已经是长期的问题,严重影响太太的情绪,陈太太应该找个机会清楚地表达:"你拒绝和我一起去吃午餐的口气,好像我是个讨厌的人,这非常困扰我,我不知该如何与你相处。"这是诚实而坦白的描述,但很多人不习惯如此描述自己的感受,害怕激起对方更无情的响应。事实上,从以往的例子来看,坦白而准确地描绘互动,有助于沟通。如果对方是无心的,多半会警觉自己行为的尺度,大部分来访者都说,这样进行表达之后,对方会变得更讲理或尊重人一点。如果对方心存芥蒂,有意表现敌意,那么再也没有比指出"你的敌意我感受到了"更有意义的沟通了。只有挑衅的行为被客观地指出,双方才可能进一步沟通"为什么要这样"以及"接下来我们该如何相处"。

如果不敢描述真正的感受,又消化不了情绪,尝试沟通时就会拐弯抹角或指桑骂槐,说出诸如"你急着要跟谁吃饭吧"或"林太太老是抱怨她先生整天黏着她,真是不知足"的话,这些回应常是逃避正面沟通的策略,而对方下次出手时往往会更过分。邱太太的情况就是一例:丈夫外遇曝光之后,仍然常想自己出差,太太无法不感到不安,希望丈夫出差时能让她陪同,丈夫非常愤怒地说："因为我犯过一次错，就要像犯人一样失去自由吗？"这话让太太却步，她不敢再跟丈夫沟通，可是每次丈夫出差，她都因为担心、怀疑而无法休息，丈夫回来后，她总是很烦躁，容易发脾气，于是两人又是争吵不断。好不容易和好时，丈夫又要出差了。经历过很多咨询工作后，太太勇敢地抛开是非对错的防卫性思维，诚恳地告诉丈夫："目前我还没办法摆脱我的不安，只要你一出差，我就会担心。我想请你让我一起去，我并不觉得是在监督一个罪犯，而是我真的很害怕你不在的晚上，我会不断想象别人拥抱你的画面，我想要努力克服这些东西。如果可以免于重复的担忧，我的状况应该会好很多，所以我才想跟着你出差。如果你能了解，我会更有勇气去克服这些困难。"

说出这样看似平铺直叙的一番话，让她付出许许多多的努力。因为她对丈夫失去了信任，从心里不相信先生会好好回应她，所以之前沟通时都采取别扭的方式，例如，"你要去上海出差？真巧我刚好想去那里找朋友"或"你不喜欢我跟你出差，那就不要搞外遇。这后果是你自找的,怨不得我。如果你没有做那种事,今天就可以快快乐乐地自己去出差了。"不管丈夫之前是什么心态,光听到这些瞎扯的理由(才不相信你刚好要找朋友)和没完没了的论罪,就会想反抗吧!

克服自我的恐惧

前文三点总结起来便是，在评估夫妻间还有没有希望沟通之前，必须先检视自己说话的方式是否有效。有效的说话方式，靠的不是强势或道理，而是真实与准确。不过并非每个人都能真实与准确地看清自己所处的形势和感受，尤其是处在婚内失恋这种危及自尊的状态下时，就算看清，要客观冷静地诉说，绝对需要努力和勇气（哪怕只是一字一句也让人心如刀割）！

下面是一个直面恐惧的例子：

谢太太每次想讨论关系的问题，先生就会说："你那么不满意，就离婚好了！"她一直无法进一步沟通。在心理咨询过程中，她处理了自我怀疑的问题以及无法正视的愤怒。一段时间之后，当先生再度拒绝沟通时，她发现自己的回应不同了："每当我提出一些想法时，你就说要离婚，这样会堵住我的嘴，因为我不想离婚，不想失去你。你这样说，不让我们有机会讨论该如何相处，我觉得你在用离婚威胁我。"

她以为说完这话，关系就要完蛋了，先生一定会大喊要离婚。没有想到她冷静地说完后，先生不发一语，过了几天，先生主动找她说话："在吵架冲动的时候，你自己也说过离婚的事情，不是只有我说过离婚，为什么我说离婚的时候，你就要那么认真地说我在威胁你呢？"她看着先生，决定不再反击。她说："我很高兴你这样说，知道你讲的离婚也是气话，我松了一口气，因为我并不想跟你离婚。"要做到这样真的需要很大的勇气！在团体咨询中，其他人听到谢太太的分享后，惊讶地说："你怎么可以这么坦白地告诉他你不想离婚，还想跟他在一起？这样就掀了自己的底牌，他就不怕你了！"大家进行了热烈的讨论，其实战术、策略、伪装这些东西，都逃不过伴侣敏锐的观察，你真诚说话，婚姻也许就还有希望，就算真的没有希望，也能好好分手。反之，鸿沟只会越来越大。请记住：我们以为的感受，不一定是真实的感受。我们自己做功课，认识自己的恐惧、尊严、好胜心，以及各种潜在的自欺欺人的心理防御机制，才有能力对伴侣说完全真诚的话。

　　好的，说到这里，可别忘了我们为什么在谈这个问题，这一章开头，我们的问题是：到底要继续努力、继续期待他，还是干脆放弃，过自己的生活就好了？

培养独立的能力

经过前文的讨论，读者可以想到，如果自己还有力气，就努力吧！如果觉得非常疲惫，没有意愿再为婚姻想这么多、做这么多，那么应该优先把仅有的力气用于修复自己！

坦承需要、避免指责、描述真实感受，将有助于沟通。再次开启沟通，才有机会互相尊重。接下来，就要面对在沟通中浮现的真相，两人到底能不能继续在生活中合作，以及婚姻会变成怎样？

不面对这些，就无法改变婚内失恋的人生，要面对这些，需要另一项能力：独立。

独立生活的能力并不是指一个人搬出去住的能力，而是能够以一个健康的人的姿态处理生活的能力。

一个能够独立的人表达"我需要你的爱"时，给人的感觉是示好，是邀请；一个无法独立的人表达需要时，给人的感觉不是示好,而是乞讨,或者勒索,是"你不爱我,我就活不下去"的姿态。

如果自己暂时无法处理互动的问题,例如,内心有某种情结或过去的心理伤痕,需要长期地探索与修复,那么不妨暂时放下沟通的急切欲望,专心培养自己独立的能力,目标是进一步接纳真实的自己,那时就会有能力进行打破僵局的沟通了。

只有乐意不乐意，没有付出不付出

"我的问题不是无法独立，是无法决定该不该继续为这婚姻付出。"这是另一个常被提出的问题。

我想这个问题也没有标准答案，我的建议是：继续付出之前，请诚实面对自己的动机。

"他对我不理不睬，我很伤心，但还是每天帮他做早餐。我还是很乐意为他做事。"这真是耐人寻味——当丈夫对你不理不睬、让你感觉伤心时，是什么原因让你"还是很乐意为他做事"呢？

答案真的就这么简单，就因为你还爱着他，他还值得你爱，或者他是一个很棒的人吗？

人的心理非常复杂，这种可能性不是没有，但更常见的心态其实是抱着希望，以为继续做下去最终还是能得到他的回馈，或者还能为他做事就代表自己仍然拥有妻子的位子吧！不被看见的人有时候会更努力地让自己被看见，感觉对方亏欠自己却没有办法要到回馈，也会继续做下去，直到自己忍不住去跟对方理论的那一天。有位太太这样说："我把我分内的每件事都做好，三餐都让你吃得饱饱的，衣服也给你烫得笔挺，等有一天我需要跟你算账时，我要让你挑不出我的一点错。"这种付出会不会让人感到害怕呢——既然你欠我钱，我就让你欠更多，欠到更多之后，有一天我会理直气壮地跟你讨回来，那时候我将不会有一丝不安。

这种"付出"，其实是在加重关系的失衡，让内心积压的怨恨更深。你可能是在催眠自己，认为只要自己还能为他做事，婚姻就很正常，或者说这是一种被动的攻击、自虐式的反应，总之是要对方更像忘恩负义的坏人。

我们必须认识自己对待自己与他人的动机。如果你是一个自尊受伤的人，那么你越被忽略，就越放不下，这种心理状态下的"付出"常让对方因感到"必须愧疚"而抗拒，如果他感觉到你在自虐或被动攻击，就会更无情地让你继续做更多，然后继续不回应。既然这一切都是你自己要做的，他尽可说服自己不用负责。如果你不是不求回报，而是做了很多之后要求对方回馈，那就是强迫推销和勒索了。

极端自卑或自恋的人受伤时，可能表现出过度追逐或过度自我保护的行为，我们需要认识自己在这方面的特性，才能理智地决定要做什么或不做什么。当一切行为都出于真正的乐意时，付出的概念也就消失了。

为了追逐而做某些事，以及为了自我保护而不做某些事，都不是真正的乐意。这两种极端行为反映的都是对于关系以及自身被否定的恐惧。如果能培养稳定的自信，看待关系时就会很清楚地知道自己到底还想不想做些什么。

如果你真的还想为伴侣做些好事，当然可以继续做，不需要因为这样而觉得软弱或丢脸。有几位太太告诉过我，现代流行的女性自主的言论，让她们觉得在婚姻中努力着的自己很窝囊、很丢脸。我对这一点的看法是，忠于自己的感觉，敢于追寻自己觉得值得追寻的事，才是真正的自主。没有人可以替你决定你该不该离婚，该不该继续期待丈夫的爱，如果能够勇敢、诚实地面对自己，也许有时候一个在婚姻中努力着的人的自主程度要强过一个因为自尊心而出走的人。但如果你是因为害怕才留在糟糕的婚姻中，把它当作一个避风港，不相信自己值得更好的人生，那么你可能真的需要多效仿自主的女性典范。

"那，我就忘了我有老公，专心去过自己的日子吗？"

什么是"自己的日子"？例如，你试着自己去旅行，在旅途中你可以忘却跟老公之间的拉扯，自在地享受吗？如果可以，那当然非常好，如果你满脑子想着"他来没来找我""他应该感觉到没有我，家里有多难待了吧"，牵挂着他有没有借机去找别人，为了赌气、为了向他表明"我也可以没有你……"，这与其说是过自己的日子，不如说是寄希望于所谓的"自己的日子"，希望老公觉悟，这不是不在乎，而是更用力地跟他拉扯。

真正能够照顾自己的人，知道当伴侣可以亲近时就享受亲密，当亲密关系不在时，就享受一个人的自由，其间的转换是自在的，没有包袱也没有一定的规则。

当妻子想着"我很久没有自己一个人出去，这样简直会被他看扁"，为了示威而进行自我照顾时，其状态是假的独立，这样做对自己没有帮助，对婚姻也不会有帮助，顶多只是独处的小品练习而已。

婚内失恋，以及各种关于如何往前走的问题，答案都在于自己。无论在哪个问题上寻求适合自己的答案，途径都是一样的，那就是必须把思考的重点移回自己身上，与其再问"他为什么会这样"，不如问"我为什么会这样？""我为什么要这个，为什么不要那个？"

你如果能常常这样问，就会发现很多问题都和原本想的不一样，也才有机会开始自我疗愈的旅程，逐渐安顿下来。

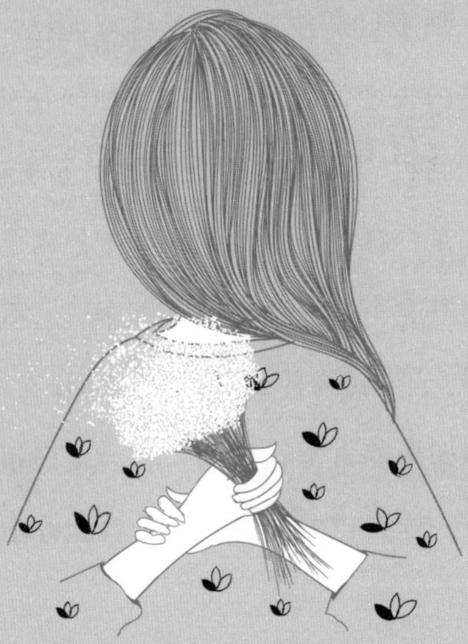

第五章

重修婚姻学分

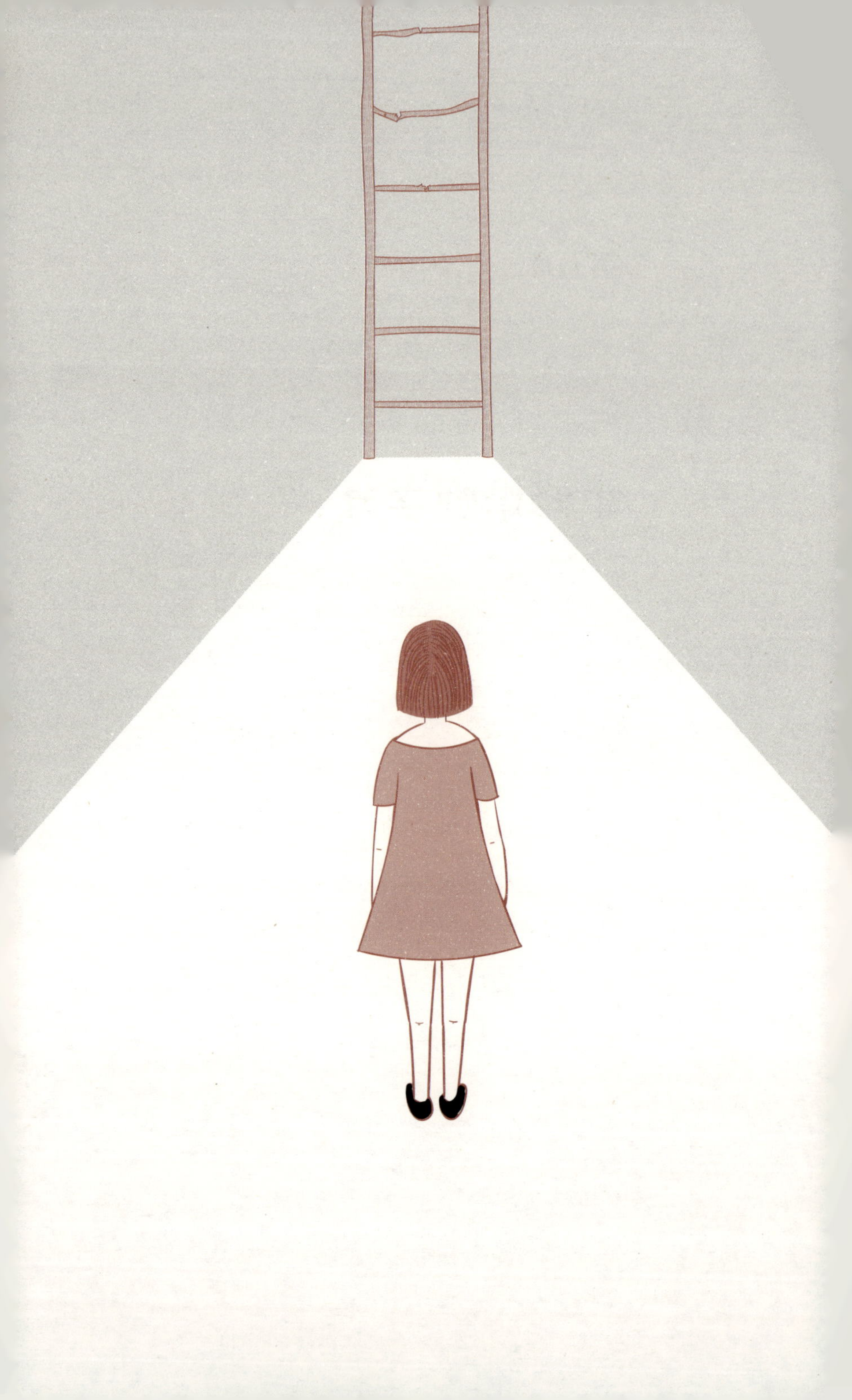

开始面对婚内失恋，与伴侣重启沟通，才有机会说出并且听见对于关系的真正想法。无论接下来是要针对问题进行调整并继续生活，还是拆伙或寻觅新的伴侣，都希望不再重蹈覆辙，而是重新建立良好的关系，这就需要更多的智慧。

亲密关系能否延续，不只取决于个性。很多夫妻一开始就知道彼此个性不同，但仍能相处愉快，所谓志同道合，有共同目标时就能合，而时间久了感情变淡、关系变差，通常不只因为个性不合（虽然走到这步田地时大家都会说是个性不合），而是联合两人的"志"分歧了。本章将探讨婚姻中最基本的心志关系，也就是婚姻的心理学，这是一门必修课程。

婚姻生活的协定

一堂"婚姻学"的演讲正要开始,台上的讲师询问台下的人:你们需要一点灯光吗?这就是一个经营"关系"的例子。从各自生活变成两方共处时,一方太亮,另外一方就会相对感觉到暗淡,双方要取得一个平衡。

一个人生活,不管有什么期望,只要鼓足意志力,就可以朝目标前进。可是两个人在一起时,事情就非常不同了。婚姻咨询中最常听见的是夫妻对于共同生活的方式怀有不满,仿佛事先没有达成共识,就开始生活了,即缺乏一种伴侣生活的协定。其实开始共同生活,需要协定的事很多。

日常习惯的协调

比方说日常生活习惯,夫妻的习惯可能彼此兼容或相斥。电视连续剧里最喜欢演的就是刷牙,两个人为牙膏是从后面挤还是从中间挤而吵个不停……读者是否觉得这个问题微不足道,一点都不值得吵架?我曾经询问来听演讲的数百名听众,让曾就这个问题与伴侣沟通过的人举手。结果举手的人只有1/3。我好奇地问:"所以其他人都是天作之合,都没有问题吗?"结果有人告诉我:"我们不是吵牙膏怎么挤,是吵牙刷要头朝上,还是朝下放。"然后我见识到夫妻间为了刷牙这件事,需要进行多少协调!从怎么挤牙膏、放牙刷,到老公用老婆牙刷,老婆不喜欢;漱口时后背要弯多低,水沫才不会溅得四处都是;还有漱口杯要如何洗,向上放或向下放;发霉时要洗一洗还是买新的;平日牙膏应该囤多少……什么都有人吵!

另一件琐事:洗碗,也是很好的例子。很多女性说不喜欢碗筷堆在水槽里放到第二天,但是做完菜很累,想要休息,想想自己已经辛苦做饭了,不应该再洗碗了,这时候应该换跷脚看电视那个人来洗碗吧!那个人同意由他来洗,但他现在也想休息,打算晚一点或隔天洗。太太一定要先生立刻洗,先生说先放着我会洗的,太太开始不高兴,觉得"只是洗个碗他就不甘不愿推三阻四,明知我受不了碗留到明天洗,分明是逼我自己洗"……然后太太就一边洗一边念叨,内敛的先生闭嘴继续看电视,火暴的先生就会回嘴:"我又没说不洗,你简直莫名其妙。"之后太太可能就哭了……接着这个夜晚的气氛就报销了。

是不是很熟悉呢?

空间的切割与共享

两个人的空间该如何切割,也是需要协定的。婚姻生活是在实体空间中进行的,这空间的分配,绝对是一门艺术。以一线城市为例,这些地方寸土寸金,一般夫妻家中不可能有一间卧室、一间太太的工作室、一间先生的工作室、一间小孩的房间,再加上客厅、太太打扮的地方、先生玩音响的地方——这不是我们一般人可以企及的生活。更常见的是三室一厅的房子,主卧房应该是两个人共用的吧？但是很多家庭的卧房不成比例地塞满了某一方的东西，而很不幸地，那通常是女性的。例如，你很可能把化妆台放到主卧房里，可为什么放的是你的化妆台，摆的是你的瓶瓶罐罐，而不是先生的桌子和杂物呢？夫妻在这无形的空间切割上有一个协定。又如衣柜，各位家中衣柜的容量分配平等吗？在演讲中，我让与太太平分衣柜的男性举手，接着，又让太太占用衣柜较大空间的人举手。不出所料，几乎所有男性都说衣柜大部分是太太在用。还有厨房，也是双方使用不均等的一个空间。但女性此刻就要大声抗议了！虽然我占用了一些零散角落，可是我先生有一间自己的工作室！在非正式的查访中，我们的确发现丈夫在家中拥有书房或工作室的比例比妻子高。

两个人对家务和空间的分配方式多半都不会讲明，很少有人会在婚前跟对方说，我们决定下碗要怎么洗，家事要怎么做吧。也很少有夫妻在搬进新房前，会认真地协定电视由谁掌控——每天几点看你要的节目，哪个时间归我主用。虽然协定好，但共同的生活已经开始了。很多夫妻在爆发争执时才发现，从住在一起的第一天起，恩恩怨怨就开始累积了：你欠我，我欠你；我让你，你为什么不让我；你为什么没有感谢我……这种种复杂的感觉，是我们很少思考的。

空间除了共享和分配，还有封闭与开放的问题。有些人很有个性，当他坐在沙发上看着电视时，周身仿佛会形成一种空气圈，他不喜欢人家随意闯进他占据的这个领域。类似地，有些人在厨房做饭时，不希望有人进来捣乱。睡觉的时候就更明显了！有些人恨不得在床中间画一条线，像我们会在小学课桌上画一条线，以免隔壁的同学侵占过来一样。有位太太回应了这一点，说他们后来都会用一条长长的抱枕隔在床中间，不然老公会一直挤过来——"他的方式并不是很亲密地要过来抱你，而是要把你挤到旁边去，他只是要自己舒服，并没有想让你舒服"。

人有不同的性格和习惯。有的人很喜欢和别人黏在一起，但是有的人就很排斥。有人无法接受配偶不敲门就进来，有人却觉得夫妻之间还要敲门真是太伤感情了。

谈恋爱的时候，大部分人都很喜欢亲密，可是步入婚姻，变成要在一起一辈子的时候，有些事情就不是可以忍耐的了。例如，拥抱是一件美好的事，可是如果要抱着不放一直到天荒地老，就会觉得很黏、很难受、很不方便吧！很多人会问，为什么恋爱的时候这些都没问题，结了婚反而不行？因为结了婚的两个人基本上打算长长久久在一起，从早到晚，很多事情都会交缠在一起，如果不能努力理解对方的性格跟需求，或不懂得沟通，一定会产生无数的误解。例如，喜欢分享的人会误解需要个人空间的配偶不爱他或拒绝他，然后会采取很多相应的措施，想要靠近对方、指责对方，或者让自己变得很焦虑，渐渐就会造成很多冲突。

责任的分配

两个人只要存在于同一个空间，就会发生本质上的冲突，更不要说生活中还有各种交集了。比方说，生活中的责任要如何分配呢？分配时，是不是像在角力呢？

一对夫妻本来是非常愉快的,他们在没生小孩之前都非常愉快,根本不觉得家里有什么责任需要协调,因为他们实在没有什么事情要做——每餐都在外面吃,在一起的时候就是一起在外面吃,没有的话就是各自在外面吃,家里不需要洗碗,衣服几乎都是送去干洗,他们没有所谓的责任,家里的卫生请阿姨打扫,这样的夫妻实在是神仙眷侣啊!不巧的是,这对神仙眷侣没想到有一天会迎来更大的幸运,就是上帝送给他们小孩这件最棒的礼物。有了小孩之后,超乎想象的责任也产生了——好不容易熬过洗奶瓶换尿布的日子,因为开始吃人间食物的小孩不能吃外面的饭菜(不卫生,有添加物⋯⋯),追求完美的两个人从此决定在家做饭,那惨了,他们从来没有发现原来两个人都那么懒。两个人都在计算,我洗了多少碗、切了多少菜。跟一对夫妻谈到这点时,两位都抢着伸出手来给我看,说自己有富贵手[①]。我说:"嗯嗯,你们两个人都有富贵手。"丈夫说:"喔,不是哦,我太太只有一只富贵手,我两手都有耶。"

两个人都觉得自己很委屈,争执也没有用,该怎么

[①] 富贵手,是一种皮肤和皮下组织疾病,易发于冬季,起初长小水泡,后转变成脱皮,脱皮逐渐加剧,局部皮肤变得干硬,甚至会造成龟裂出血。——编者注

办呢？团体咨询中其他资深的夫妻们便热心地分享起了经验：

方太太："谁也不让步，只好学会假装成不计较的样子，暗地里想办法。例如，我常常耗在厨房，不是因为我爱做饭，是因为人在厨房就可以名正言顺地把小孩丢给先生。"

李妈妈："这也是一个技巧啦！我媳妇就很会。她常常说要尝试一个什么副食品，然后就把它煮焦了，煮焦的东西泡在一边，重新再做一次。整整三个小时，她都在厨房里实验那个食谱，但是她厨房里面有 iPad，可以拿来听音乐或是做别的，小孩就丢在外面给我儿子照顾。"

杨太太："可是呢，有的老公也很厉害啊！像我老公就会想别的办法，例如他就会说小孩子要找妈妈，其实如果你偷偷观察过，就会发现他很擅长在小孩子找爸爸的时候说，我们去问妈妈好不好？我们拿去给妈妈看好不好？比方说，他随便翻开一本故事书，教小孩说这个是大象，然后就大声叫'妈妈，宝贝要指大象给你看'然后就又把小孩丢回给妈妈了。"

简太太："小孩来了，老婆也只能表现出很高兴的样子。父母都不愿意在小孩面前做坏人，所以有了小孩的夫妻，在责任分配上常常开始'来阴的'。"

明讲不行就开始来阴的，的确是这样。不过，能这样调整自己的平衡，至少比明着跟另一半吵架有技巧。

许多女性，即使头脑清楚，遇到要跟老公谈分工时，也是有理说不通。

简太太问大家："如果你今天在家，计划擦地板，那么，请问你会在两点到四点把地板擦好，让老公五点多下班的时候一进门舒舒服服地踩在已经干透的地板上，还是，算好他五点半会到家，从五点十分才开始擦，让他进门的时候看到东西、家具全都不在原来的位置上，你趴在地上擦、屁股朝着门，然后水桶、抹布扔得到处都是，也就是，让他知道你正在擦地呢？"

你会怎么做呢？

知道她的意思，大家都笑起来。

"像我们这种心地善良的女性，本来都会从两点擦到四点，等五点多他进来的时候，家已经是舒舒服服的了，但是自从有一次我叫他洗自己喝的咖啡杯,他却说帮人家洗一个咖啡杯都不行?怎么会有这么小气的女人?我就想,好,你给我记着,从此我都改在五点十分擦地板,然后擦擦擦擦得很不方便,让他知道我在擦地板。我也是被逼的。"

在理想状态下,我们都希望自己是另一半眼中的完美娇妻,希望他对我们做的每一件事都满意、感恩,还会图报。但在现实婚姻中,我们难免会怀疑另一半缺乏一种所谓良心或良知的东西。或许他有,只是不懂得表现,或是他真的没有,那么太太可能会被迫发挥创意,做出上述连自己都惊讶的事。只要不是恶意太甚,这的确也是解决问题的一种变通之道。有时真的只有这样,婚姻才能维系。重点是:要灵活变通,让自己觉得情绪平衡。五点半趴在地上擦地,真的比累积到九点发脾气好啊!

情感、思想、行为的界线

与责任相关的是界线问题。例如,老婆预先给老公分配了任务，老公若没有同感，就会觉得界线被侵犯。但这之中更微妙、更容易被忽略的是，某些事因为老公不做而必须转由老婆承担时，其实老婆的界线也被侵犯了。看得清楚界线问题的人，比较擅长与伴侣协调。搞不清楚自己是受了侵犯还是侵犯了对方的人，则比较容易吃闷亏。

我有没有被尊重？我是不是被迫做了太多？彼此之间的行为应该有什么规范？这其中都有需要设定的界线。

再举一件同样非常琐碎的小事（以琐碎小事为例，意在说明婚姻中的考验真的无处不在）。很多丈夫都觉得老婆囤积太多东西，这样说可能带了点性别刻板印象，但这是在咨询室中常听见的问题。男性常常不了解，为什么老婆要抱怨房子买得不够大，却不把无用的囤积物丢掉呢？但是如果老公在老婆不同意的情况下把东西丢掉，哇！老婆就会觉得界线被侵犯了。

另一个例子：

杨太太："有一次我跟老公吵架吵到半夜，我很生气但又讲不过我老公，因为他比较会讲话。之后我整夜睡不着，他却睡到打呼。我越想越气，就起来打电话给我婆婆。"

咨询师："为什么要打给婆婆？"

杨太太："不知道。就是很气，想说谁叫她养出这种儿子。"

太太会有这种心情，显然是因为在争吵中丈夫纹丝不动，戳也戳不到，于是本能地想打扰他的母亲，提高刺激的强度。这种行动的无意识目标正是用力踩踏丈夫的界线，激起他的反应，但踩线的后果恐怕不是太太可以承担的。

彼此之间，总有些"绝不能做的事情"，例如打扰长辈、批评我的手足、干涉我的工作、嫌我笨或丑，等等。夫妻一定要明智地注意自己的界线和配偶的界线。不乱踩别人的线，也要有技巧地在自己的界线旁竖立标识，避免对方误踩而伤害关系。

生活协定与心理互动

已婚的人,也需要时常回头检视 —— 生活中的各种细节是怎么协定的,两人中间有哪些还在拉锯,哪些已经定型却每日制造着不满。

徐女士:"我结婚五年,小孩两岁。我们在生活协调方面已经是含怨带恨了。您举了牙膏的例子,我们家是浴室拖鞋的例子。先生要我走出浴室时一定摆好拖鞋,他说这样小孩看到才会跟着守规矩,以后出嫁了,夫家才会说这孩子家教好。可是我先生每次喝完牛奶后,都不会把纸盒或塑料瓶丢到我准备的'可回收'垃圾桶里,而是一定会放到'其他'垃圾桶里,害我被强势的菲佣骂'太太!你不懂垃圾分类、资源回收吗?'每次跟他讲,他还是不改。所以我就会这样想,你教训我拖鞋要放好,我已经照你的指示做,拖鞋并排前端朝外放了,但牛奶盒的事,我说过那么多次,你都充耳不闻。到后来我只好用报复的方式,故意把拖鞋一正一反地乱放!等到先生又开始念叨的时候,我就说'那是你女儿弄的'。"

夫妻间的生活协定，有些地方要你配合我，有些地方要我配合你。如果以"件数"计算，例如拖鞋的事上我配合你了，扔垃圾时你就要配合我，则几乎不可能实现公平。只要件数不是明显地失衡，例如，家中几十项规矩都是一个人定的，就可以算作合理。会产生积怨，多半是因为在协定时一方的意见和态度让另一方感觉像是批评和贬损。在徐女士的例子中，丈夫要求摆好拖鞋，使用的理由是"女孩子要这样放拖鞋才能让夫家觉得教养好"，那么，隐含的意思不就是老婆家教不好吗？这"家教不好"有双重的意义，一是徐女士娘家家教不好，让人感觉辱及她的父母；二是指徐女士身为母亲，没有给女儿好的教养。徐女士或许无法理清自己感受到的双重否定，只知道自己很气愤想报复。在她的叙述中，以"我会被菲佣骂"解释自己希望丈夫做好垃圾分类的合理性，则流露出她"被嫌弃、被指责"的关键感受。丈夫的指责启动了一种压力，之后的心理过程可能是这样的（如图一）：

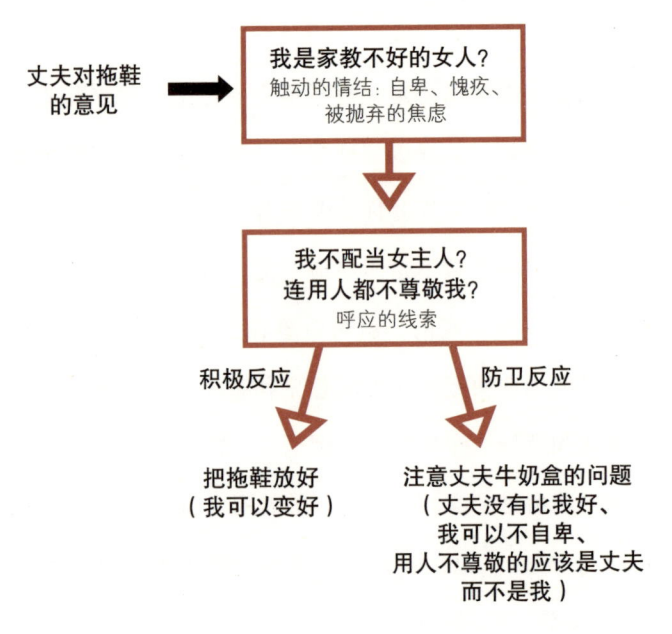

```
丈夫对拖鞋         我是家教不好的女人?
的意见     →      触动的情结: 自卑、愧疚、
                 被抛弃的焦虑
                        ↓
                 我不配当女主人?
                 连用人都不尊敬我?
                    呼应的线索
              积极反应      防卫反应
                ↓             ↓
            把拖鞋放好    注意丈夫牛奶盒的问题
           (我可以变好)  (丈夫没有比我好、
                         我可以不自卑、
                         用人不尊敬的应该是丈夫
                         而不是我)
```

图一

在积极反应与防卫反应两种倾向之间,有持续的拉扯力量。如果内心被触动的情结强度很大,光靠积极反应并不能消解压力。例如,如果妻子心中怀有"不管我多努力别人都不会肯定我"的信念,就可能觉得"就算我把拖鞋放好也改善不了你对我的成见",那么图一右上方"自卑、愧疚、被抛弃"的焦虑无法消解,接着她

便容易采取防卫的反应，试图转化或粉饰难以承受的压力。在双方拉扯时，如果防卫需求胜出，就会做出"故意把拖鞋乱摆"的行为，含义是"你觉得我烂，那我就烂到底"（从心理动力学的角度看，这是吸收了对方投射在自己身上的印象）。而在徐女士的例子中，还牵涉微妙的亲子角色，她把拖鞋乱摆之后，对丈夫说"那是你女儿弄的"，其用意也值得思索——"在你眼中，我是个不好的女人？其实你女儿才差劲！""我倒要看看，你到底多会教女儿？"如此反应时，她本身似乎从母亲的角色中解离了，"我的女儿"和"你的女儿"也被区分开来，对待"你的女儿"时，她不是一个慈爱的母亲。

这是另一个值得认真看待的问题——女性若得不到丈夫支持，其身为母亲的功能也会受到影响。两岁的小女儿若知道自己被妈妈栽赃，心理上会有何感受呢？如果徐女士与丈夫之间，无法认识并跳脱攻击与防卫的互动，这小女孩长大之后，很可能会变成一个像妈妈那样自信不稳定的女性吧！然后，她跟丈夫之间难免遭遇类似的问题，然后她的小孩……这正是所谓宿命一般的"代际传递"。

自卑、愧疚、被抛弃……是人性共有的深层焦虑，每对夫妻都会遇到类似的挑战。为什么有人能较安然地度过呢？

前文案例中，丈夫试图协定拖鞋摆放的家庭规范时，如果能以诚恳的态度，以自己的喜好发出请求，像是："不知怎的，我这人看到拖鞋向外摆好，心情就会比较好！这有点好笑喔？不过，可以请你帮我这个忙吗？"就会比义正词严地说什么小孩需要家教好多了。太太这边需要协定垃圾分类时，如果能够自信地说："我喜欢垃圾分类放好，也请你帮忙吧！"也会比百转千回地说你害我被用人骂（带有"用人想骂你"的意味）好些。

要这样平实诚恳地描述"我的个人好恶"，不拿外在的道理压制对方，需要足够的自信。自信曾经受到创伤的人，说起话来特别容易罗列一大堆理由，因为不相信自己的"个人好恶"会受到重视。其实，配偶如果不愿在意你的个人好恶，也一定更讨厌你诉诸道理。如果你讲的道理他能接受，那么讲个人好恶通常也会被接受。总之,诚恳地说"因为我个人有这喜好",请对方帮忙,对方愿意的话,就对他表达感谢。这是夫妻进行生活协定时可采用的一种较好的方法,不仅可避免误触对方自尊的地雷,在请求与回报的互动之间,还可增加彼此的自信与亲密感。

权力对应的模式

夫妻的相对关系有很多种模式。

主导／顺从模式

如字面意思所示，是固定由一个人主导生活，另一个人顺从的模式。这种模式的好处是角色清楚，彼此都知道自己该有什么态度。这种模式可以长久维持的关键是，顺从的那位充分感觉被照顾，主导的那位充分感到被尊敬。如果彼此的心理需求改变了（这可能发生于人生阶段的变化时期，例如中年危机、家庭结构改变，如子女离家或长辈离世等），一向顺从的那位如果开始更在意有没有被尊敬，或一向主导的那位开始更在意有没有得到照顾，就可能需要改变模式。但这种模式的固定性和习惯性很高，不容易立即改变，因此若一方开始不满，冲突往往很激烈而且找不到出路。

合作模式

　　基于平等分工概念的合作关系。又可分为固定的分工（某类事务固定由某一方负责），或交换式的分工（随机弹性的分配）。固定分工模式也可能在特定事务方面出现类似"主导/顺从"模式的问题。例如固定做饭的一方，可能有一天开始觉得自己分配到的事比较辛苦，或是因做的菜得不到欣赏，而心生怨怼。交换式（弹性）分工的模式，看起来最不容易僵化或生怨，但事实并非如此。许多夫妻理想上希望如此，实际一起生活之后，就发现这种模式很难运作，因为人的感受与想法千变万化，今天丈夫很高兴倒垃圾，明天却完全不想碰，两个人一不小心就可能衔接不好，每天都要考虑如何分配责任，分配了还要猜对方是不是真的高兴，因此，除非对自己和伴侣的个性都有很深的了解，不然产生不满的概率其实不低。现代年轻夫妻常有这种困扰。

被动控制模式

这是一种很复杂的关系模式。表面上是某方说话比较强势，但生活的细节总是取决于看似委屈的另一方。所谓被动控制，意思是"以被动的姿态掌控别人"。典型的例子是传统的男尊女卑家庭，丈夫的意见不容驳斥，但不少妻子会用被动间接的方式影响家人，例如，吐露委屈、哭泣、闷闷不乐，最后家人只能揣摩她的心意照做。结果这个人比讲话强势的那位控制力更强。一个永远扮演弱势角色的人，有时候是最强势的。父母之中谁才是真正的控制者，其实儿女看得很清楚。在这种被动控制的模式中，角色和情绪充满扭曲，表面上强势的那位，其实很委屈，但他却不能抱怨委屈；表面上委屈的那方，虽然实质上经常控制着家人，但因为行使控制的途径没有正当化，无论家人如何顺应，都无法感到真正被尊重了，觉得"我哭你们才会注意到我""你们不是真的在乎我"，也常感到家人并非真心喜爱自己。这种夫妻非常容易产生难解的积怨，往往需要外力介入，洞悉此模式并且加以诠释，指出双方隐藏的委屈和攻击性，提供新的互动方式。

有时人们以为自己喜欢上述的某种夫妻模式，但实际在婚姻中形成的却是另一种模式。其原因不仅与另一半搭配的问题有关，也可能是受自己不了解的潜意识驱使。例如，现代女性在观念上多数认为自己想要平等分工的合作模式，但许多人心底里仍然存有希望丈夫能力比自己强、可以受到丈夫较多照顾的渴望，甚至无意识地把"受丈夫疼爱照顾"与自己的价值感联结起来，结果夫妻生活根本不可能顺畅地以分工模式运作，对丈夫生气时说的理由其实都不是内心真正的理由，丈夫无法捕捉到妻子的核心情绪，终将因觉得挫败、无力讨好而采取规避或反击的态度。这是思考夫妻模式时必须深究的层次。

干扰与支持的平衡

夫妻间的不满,从个人心理的层面来看,可以分解为两方面:一是干扰面的存在感太强,二是支持面的存在感太弱。

干扰面的存在感太强:没有他的时候,我自得其乐,不会有什么麻烦,但是他在的时候,常常带来负面的、我不想要的东西(统称为干扰)。例如情绪、要求、压力……这些东西的存在感太强。

支持面的存在感太弱:我想要的东西,关爱、肯定、帮忙……老是得不到。

夫妻生活在一起,不可能完全不干扰对方,但干扰与支持可以平衡抵消,一个总带来干扰的伴侣,如果支持给得很多,另一半也能忍受。支持给得少的伴侣,虽然让人觉得不满,但想想他从不制造麻烦,多半还能继续过下去。对彼此不满的夫妻,总是可以发现干扰与支持之间失衡了。不想要的东西太多，想要的东西太少，说穿了很简单。但是在咨询中，夫妻往往无法把话说清楚，吵架的时候一团混乱。讨论开始聚焦时，就是夫妻能够明确提出"你的×××对我干扰太多，请不要给我这些"，同时也能明确提出"我需要×××，你能不能给我"。之后才可能开始思考"你要的东西，我不能给吗"以及"你不要的东西，我非给不可吗"。

对于干扰与支持，双方的解读可能不同。很多时候，一方为另一方做的事，对另一方而言是干扰，但做的这方浑然不觉，不仅如此，还觉得自己做了那么多事，理应得到回馈，因此更容易认为获得的支持太少，之后就彻底地失衡不满了。

阿志与小玲

小玲："我每次要求他做一点家事，他脸色就很难看。"

阿志："我没有不做，只是我有时候不想立刻做。像昨晚那些碗，我跟你说我喝完啤酒就会去洗，你就说我不洗。我也跟你讲过,如果你不喜欢做,我们就请人来做,我们还请得起。"

小玲:"两个人合作就可以处理的事,为什么要花钱去请人来做?请你做事的时候,我也没闲着,不是在弄你爸妈的事就是小孩的事,你做一点会怎样?"

阿志:"既然你也觉得很忙,为什么不请人?你喜欢从早忙到晚,可是我希望有时可以放松,坐在那里放空一下,这叫生活情趣好吗?"

小玲:"你命好可以想生活情趣,我只烦恼怎么把事做完,从没想过自己。你都不感恩吗?我每天早起,我也可以听音乐,或者放松一下,可我没有,我把时间用来帮你们做便当,让你们每天都有便当可以吃。"

阿志:"我不需要带便当。其实我也不想带。"

小玲:"为什么不想带?小孩都说我做的便当很好吃,你觉得我做的不好吃吗?"

阿志:"不是好吃不好吃的问题,是我并不觉得带便当有什么特别好的。"

小玲:"你都不知道感恩,我每天那么辛苦地给你做便当哎!"

阿志:"对,你很辛苦,所以能别做了吗?"

小玲(哭泣):"我对你而言就是不需要的废物。"

阿志:"你在讲什么!"

小玲:"就是你说的啊!你不需要我!"

阿志:"我没有说不需要你。我是说不需要便当!"

小玲:"我付出那么多,又得到了什么?"

阿志:"你不可理喻!"

小玲:"你忘恩负义!"

这发生在咨询初期,堪称绝望的鸡同鸭讲。几个月后,他们仍会重复同样的争执:

咨询师:"我们可以'倒一下带'吗?阿志说,其实他不需要带便当。小玲觉得如何呢?"

小玲:"他为什么不带?"

阿志:"我为什么要带?你爱做我就要带吗?"

小玲:"那是便当耶!要洗菜、切菜、炒炒煮煮才能做出来的营养便当耶!被你说得好像毒药、炸弹一样!"

咨询师:"你觉得你给他的东西被当作毒药和炸弹……"

小玲:"还有废物、垃圾,总之就是让他嫌烦的东西!"(激动)

阿志:"你不要动不动就爆炸好不好?"

咨询师:"看来你真的觉得小玲像个炸弹。"

阿志:"要这样讲也没错!做一个便当,我吃到什么营养我不知道,我只知道我要吞下一堆她的抱怨!我真的受不了了!"

咨询师:"对你而言,小玲给你的便当,装的不是营养,而是你受不了的抱怨。你可以这样对小玲说吗?"

阿志:"我觉得,便当,你的便当……装的不是营养,而是我受不了的抱怨……"

小玲:(低头)

阿志(看看小玲,又看着咨询师):"那个,我更正一下,她做的便当,应该是很有营养的,她都要弄很久……刚才那样讲也不太公平。"

咨询师:"原来如此。"

小玲:"你现在才知道!"

咨询师:"如果没有附带抱怨,那应该算是一个好便当。"

小玲:"我也不喜欢抱怨。只是他那种不知感恩的样子真的让人很生气!"

咨询师:"得不到他的感恩,或说肯定,你心里生出很多气,就一起装到便当里了。"

小玲:"至少我没给他下毒!"

阿志:"哦,所以我该说谢谢吗?"

咨询师:"小玲的确很想听到一句谢谢,是吗?"

小玲:"他死也不肯说。"

咨询师:"你能对阿志说'我想听你说谢谢'吗?"

小玲:"看在我做了那么多的分上,你什么都不做,偶尔讲一句谢谢总可以吧!"

咨询师:"我觉得,你说的好像有点不一样。"

小玲:"意思他知道。"

咨询师:"可以再试一次,只说你想要什么,不用说你做了什么和他没做什么,好吗?"

小玲:"……"

阿志:"看吧!"

小玲:"算了。我什么都不想要了。"

阿志:"又怎么了!"

小玲:"我想我们不用咨询了。没有用的。"

咨询师:"哦,发生什么事了?"

咨询师:"我想,刚才发生了你们平常会遇到的情况!我请小玲做一件事,就是说那句话,你做了,但我却指出你的做法多了一些不需要的东西,似乎没有肯定你做的部分。那就像阿志只看到你的便当多了他不需要的抱怨。你很难过。"

小玲:"我觉得我做的总是不对。"

咨询师:"我明白了。谢谢你说出来。"

小玲:"没有啦。我还是会来咨询的。我知道你要我那样说是想帮我们。"

咨询师:"你的说明让我更了解,当你感觉所做的事不被肯定时,你会多生气。"

阿志:"超生气!"

咨询师:"你最生气时也就是最需要得到肯定的时候,但这很难说出口。"

阿志:"很难想象她骂人时是想得到我的肯定。"

小玲:"看吧!所以就算我说出我想要什么,也是对牛弹琴。"

阿志（对咨询师说）："其实我可以说，谢谢她做很多，可是她那样大呼小叫……"

咨询师："你被她抱怨时，就说不出谢谢。"

阿志："都被说是牛了，牛会说谢谢吗？"

小玲："牛任劳任怨，很会做事，你还比不上。"

咨询师："还是在抱怨呢！你们之间，互相表达需要和给予肯定的管道，好像堵住了。"

阿志："没有啊！她说了她需要一头任劳任怨的牛！"

小玲（笑）："原来你知道我要什么啊？其实，在家里，我才是那头任劳任怨的牛！"

阿志："是啦！你任劳任怨，脾气也很像牛。"

小玲："你若能感谢我任劳任怨，而不是抱怨我的脾气，大家也许会好过一点。"

阿志："你若不乱发脾气，就会知道我是感谢你的啊！"

小玲最需要的是感谢，阿志最需要的是不被抱怨。渴望支持是不容易说出口的脆弱感觉，因此容易被伪装成指责，这么一来，另一半听不到其中的渴望，只感受到被指责的干扰。当两人都迷失在攻击与防卫的对话中时，只有坦然承认彼此的需求与困扰，才能找出相处之道。

表面的防卫与深藏的期望

亲密关系会唤醒心里的期望，如获得关爱、包容、支持……有些人可以坦然面对并且表露自己内心的期望，有些人却连自己期望什么都无法意识到，或是虽能意识到，却无法表露，而必须以其他方式加以隐藏或扭曲。天生的性格和成长经验都会影响人们对待内心期望的习惯。一个经常感到被拒绝的孩子，对关系总是带有恐惧，他必须培养某种擅长的防卫，以免情感受到伤害。内心的情感期望被深藏于恐惧和防卫底下，不仅他人难以辨识，连自己也可能将之遗忘。因此，恐惧、防卫和深藏的情感期望，组成了人格的内在结构（如图二）。

最容易在亲密关系中活化的恐惧包括：被抛弃、被消耗、被吞噬，以及无价值感。由于天性和养育带来的经验不同，每个人有不同的核心恐惧。针对个人特有的恐惧，婚姻中最常见的防卫是：努力、攻击、测试，或

防卫　　　　　　恐惧

深藏的情感期望

图二

否认需求、保持距离等。

例如，为了对抗"我不够好，不值得被爱"的恐惧，证明自己够好，一个妻子可能不懈努力，将家事做到样样完美，面面俱到。但另一个有同样恐惧的妻子，可能采取完全不同的应对策略——什么事都不做。不做，别人就没办法看出哪里没做好。即是我不做，而不是我做不好。还有一种方式是，用放大镜检视别人的不足之处，在相处时间中塞满对别人的批评，让别人来不及检查她的缺点，有种先发制人的意思。这些都是缺乏自信者可能对伴侣采取的防卫。

在这些恐惧和防卫底下，深藏着某些情感期望。如果深层的期望无法交流，无法被认识、被尊重（倒不一定要百分之百被满足），夫妻都靠防卫和恐惧相处，关系就会充满误解，产生罅隙。

表达深层的情感期望并不是一件容易的事。一个不确定自己会被爱的人，也许从小就不确定自己是令人喜欢的孩子，如何说得出"我希望被你欣赏""我需要你的爱"？以前这样说老是被忽略、拒绝或奚落，表露这种期望无异于自取其辱，因此不可能不采取防卫。通过沉默、被动、隐藏主见进行防卫后，自己的情感期望就不会被伴侣洞悉了，而伴侣势必对这些防卫采取攻击，目的是接触底下的情感。因此，越是采取某种防卫，越会招来对这一防卫的攻击，攻击使得原本渴望防卫的恐惧更为活化，让人更相信"果然需要调高防卫的等级"。这是前文图中的三角形表示的防卫与恐惧之间的动态关系。

例如一个恐惧"别人认为我不好"的人，采取事事被动、少做少错的防卫。他的伴侣免不了抱怨"你真是一个很懒、很糟的人"，每次听到这种话，他的恐惧都再次被证实——"别人真的认为我不好",于是他的防卫就会进一步强化,变得更被动。而他伴侣的攻击也因而变得更强,双方陷入恶性循环。如此,防卫与恐惧这条线,也就是三角形上方的边,不断得到激活,夫妻的注意力都落在这条粗线上,完全看不到底下的情感期望,变成图三所示的状况:

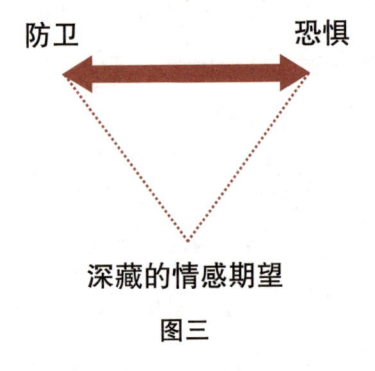

防卫 ←——————→ 恐惧

深藏的情感期望

图三

关于图中的三角结构,还有一点需要说明:情感期望与恐惧之间,有着联动的关系。例如,被爱的期望愈强,被抛弃的恐惧也就愈强。这是因为深层的期望源自生存的需求,如果此需求无法被满足,往往意味着毁灭甚至死亡。就像一个小婴儿需要母亲的爱,这种需要不是锦上添花的让人生更美好的奢侈品，而是缺了就可能会饿死冻死的、与恐惧联结在一起的东西。同样地，恐惧越强，与之相关的期望也越强，只有沐浴在所需的爱中才能忘却受恐惧威胁的痛苦，因此恐惧也会驱使我们追求内心期望的满足。前文提到恐惧可能引发防卫，现在提到恐惧会加深期望，一种心理恐惧到底会表现为防卫还是期望的追求，则要看个人性格、成长经历，以及伴侣互动模式。

在前文出现的阿志先生，内心的恐惧是"被控制"，他期望获得支持而不被侵扰，能以自我的本质被接纳（我们不难理解他有一位控制欲强并且不快乐的母亲），而他防卫的方式是进行交替性的退缩与批评（我们可以在前文的对话中看到，对于小玲的言语与要求，他不是不回应，就是还击），他的心理状态，可以用后文图四说明。

而太太小玲，她的恐惧是"被抛弃"，采取的防卫是经常地寻求确认。就算没遇到问题，她也不会觉得没事，而是担心为什么没有收到来自阿志的肯定信号。她

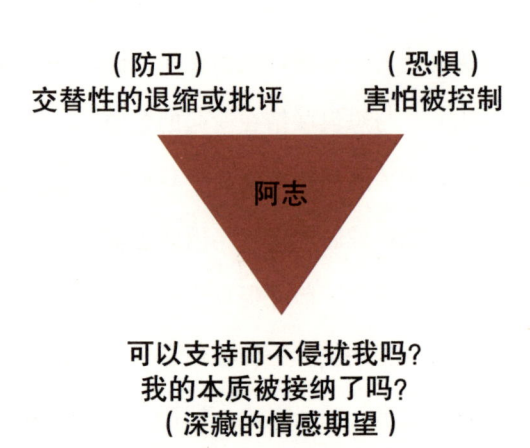

```
    （防卫）              （恐惧）
交替性的退缩或批评      害怕被控制
```

阿志

可以支持而不侵扰我吗？
我的本质被接纳了吗？
（深藏的情感期望）

图四

的深层期待，连自己都不太清楚。她经常责怪阿志不做家事，容易让人以为她期待的是阿志帮忙做事，以减轻她的劳累，但是当阿志就此提出解决方案时（等他休息够再做或请人来做），小玲却觉得不受用而变得更加沮丧、愤怒。仔细探究小玲情绪激动的反应点会发现，其实她期望的并不是减少劳务，而是获得赞赏与感激——"我可以为你做任何事，只要你能看见并感谢"，她更深的情感期望是被在意与被珍惜，如图五所示。

阿志需要空间，但空间会触动小玲被抛弃的恐惧，

```
（防卫）                （恐惧）
经常地寻求确认          害怕被抛弃

            小玲

        可以在意我的需求吗？
        我的付出被珍惜了吗？
          （深层的情感期望）
```

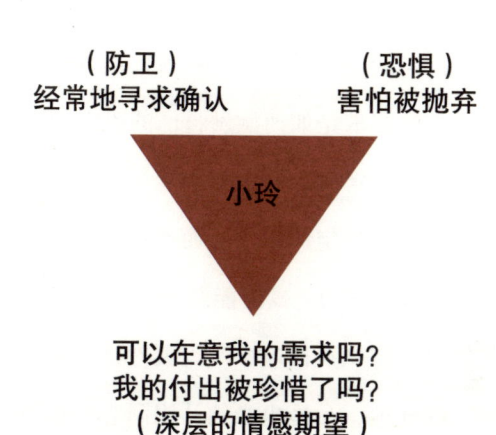

图五

使她一直寻求确认。小玲寻求确认的行为触动了阿志，让他产生被控制和被干扰的恐惧，使他退缩或进行反击（批评小玲）。当阿志生气或进行批评的时候，小玲的恐惧使她认为自己是被厌恶的（如对话中她从便当延伸到自己是不被需要的），因此会反复逼迫阿志确认彼此之间的爱。逼迫增多时，阿志的恐惧就更强烈了，于是防卫便增多了，他也更加退缩或表达更多批评。他们的沟通就这样卡住了。

他们在婚姻咨询中所做的是，从攻击和防卫的硝烟中辨识出恐惧与期望，勇敢地观看彼此的需求而不被吓坏，认识对方的需求是如何激发自己的恐惧和防卫的。

当小玲寻求肯定时，阿志如果能从自己的恐惧中站稳，辨识小玲寻求肯定的需求，而不把她视为一种致命的威胁（如炸弹一般），或许能给予小玲一点她想要的回应。其实只要有一点回应，两人就有机会脱离原本的恶性循环。同样地，小玲也必须认识阿志的恐惧，知道当她寻求肯定时，阿志会拒绝并不是因为她不值得肯定，而是她寻求肯定的方式激起了他的恐惧，他忙着在自己的恐惧中奔逃，无法照顾她的需求。小玲也必须克服被抛弃的恐惧和自我价值的怀疑，这样才可能给予阿志较大的空间，让阿志感觉自己是被如实接纳的。

夫妻双方都需要认识自己的恐惧与防卫，并且了解这不是配偶造成的。自己的成长背景和个性是更基本的源头。当恐惧与防卫不再过度激化并占据所有的注意力时，深层的情感期望才有机会表现并被看见。婚姻咨询师的一项基本功能是提供保护，引导夫妻探测恐惧，并且在可以承受的安全地带指出夫妻的防卫，帮助他们看见攻防背后隐藏的恐惧与期望。那里，也是两人之间曾经存有的爱的藏身之处。

（对内在恐惧、防卫、深藏的情感期望的处理，牵涉无意识的层面，未曾进行深度心理探索的夫妻，可能需要专业协助才能洞悉此内在问题。）

从期待与失落中成长

许多夫妻长期停留在防卫模式中,不愿看见其下隐藏的情感期待,是因为不知要如何面对失望与失落。

"了解对方对婚姻的期待",说来简单,事实上却有很大的挑战。首先要了解"我对婚姻的期待",哪些被满足了?哪些未被满足?其次,站在对方的立场,了解"伴侣对我的期待",哪些被满足了?哪些未被满足?接下来,问题就大了!当我们看到"你无法满足我"或"我无法满足你"的事实时,该怎么办?

"你不是我期待的那种人"与"我不是你期待的那种人",哪一个打击比较大?

发现伴侣给不了我想要的东西,只要对方表达一点诚意或歉意,取长补短,足够成熟的人多半可以接受理想与现实的差距,但是,如果伴侣期待的不是我这样的人,自尊受的伤害很容易转变为愤怒,变成关系中最难穿越的一堵墙。与婚姻顺利延续下去的夫妻们交谈时，我经常发现，他们能够坦然面对"我不是她理想中的完美丈夫"或"我不是他梦想的那种女人"。他们容许另一半有其理想，一起面对实际关系中的"失落感"。而婚姻触礁的夫妻，往往无法接受自己在另一半眼中不够完美，只要看到对方流露一点点失望的神色，就深感不安而选择防卫或反击，于是对方只好隐藏自己的期望，或者也开始防卫与攻击。

　　在亲密关系中，我们都希望得到伴侣全面的肯定，但说实在的，这蛮像婴儿时期的一种全能妄想——需要觉得"我最棒"。人间夫妻难免对彼此有些失望和不满，但那并不是世界末日。理解各自想要的东西，也理解彼此可给与不能给的，可以容许一点失望，承受一些失落感。记得彼此的好处，才能维持长期的心理关系。

付出和获得的平衡,关键是对自己负责

　　换一个时代,换一个地方,婚姻的文化可能全然不同。而我们生活在这里,这个残留着父系意识的社会,男女在婚姻中都要面对太多扭曲的人性。婚前女性多半期待受到男性的追求与呵护,没有好好练习以平等的心理关系与之相处,以为"他对我很好",婚后就会这样持续一辈子——真是害人不浅的误会。

　　女性朋友喜爱的电视节目、网络文章等大众媒体作品,经常描述男性性格不成熟,婚后不收心,等等。这的确很常见,但在婚姻咨询中,我们也常听见男性表示,他们对老婆失去耐性,是因为觉得老婆性格不成熟,始终像个女孩,在意一些不切实际的事,要人时时注意着她的好恶。可见男女双方都期待伴侣婚后能成熟、担负起大人的角色,关键就在于两人是不是都有变成大人的自觉呢?

男性普遍认为结婚成家算是完成人生一件大事，婚后应该过着安心平稳的生活，而不是持续婚前的交往模式。越是带着梦想，以为自己嫁给了王子的女性，婚后失望的程度越高。

孩子的加入则是婚姻关系变化的另一个开端。如果夫妻婚后没有建立成熟的合作机制，例如一方仍有被呵护的小孩心态，那么真正的孩子出生，就会带来严峻的考验。小孩带来的许多即刻的压力，可能让大人变得很狼狈。从这个阶段开始出问题的夫妻，并不是不愿意像以前那样关爱彼此，而是因为顾不过来，留给另一半的心力大幅减少，只要有一方不够成熟，彼此就可能心生怨怼。

对女性而言，关系的日常化，呵护感的消失，怀孕生产时遭遇的各种焦虑和心理冲击……这些都未及时处理好，有了孩子之后，所有人就盯着看你像不像个妈。努力学习照顾小孩，别人却认为你天生就应该会。做得好是应该的，做得差就奇怪了，你不是女人吗？不知有多少女性在这之间开始一路的抑郁，从产后到被指称是更年期抑郁、空巢期抑郁，如果中间没有转机，一生就完了。当下，不结婚没孩子的女人，被戏称为"败犬"，但她们大多都能保持良好的状态。进入婚姻的女人坏了一半，有了孩子之后又惨了一半，那才是真的狼狈。

那么，女人婚后一路抑郁的转机到底是什么？

首先是，学会独立思考、正确判断。做女人，耳边和心里永远会有质疑的声音，例如，做了一个好妈妈，会有一个声音质疑你没有成就更多的自己。若是成就了很大的自己，便有声音质疑你为家人付出得不够。到底怎么做才对，每个人有不同的正解。要从各种质疑中区分什么是自己的方向，什么是迷惑，否则女人很容易变成"身不由己"、不快乐的人。婚姻跟孩子不是完整人生的必需品，对已婚已育的女性来说，能否走出各种质疑，发展自己的天性，决定着人生的满足度。

再者，一定要自己照顾自己。

认真地自己照顾自己，甘愿地自己照顾自己，彻底相信只有自己照顾自己是很正常的事。

听来简单不过，但我相信有一定婚龄的女人，都知道其间心路的崎岖。

寻求婚姻咨询的某位太太如此描述:"自从当了妈之后,'我'已经不会被看见了。我今天就算肚子痛,眉头皱成这样,老公或公婆问的还是:'你不舒服吗?那小孩的晚饭怎么办?'身体不适,他们关注的是'小孩怎么办',心情不好,就算有人来问,也只是想赶快把我搞定以便我能继续发挥作用。"

如果还抱着自己是"妻小"的想法,期待被在乎或一直往那边努力,一定会把婚姻弄得乌烟瘴气。绝对不要想着"像我这样的好女人,应该有人疼惜"这种事。

愿意自己照顾自己,不求人的时候,可能还有人怪你自私,不像个妻子或母亲。但是没关系,就把谩骂都担下来吧!把自己照顾得越好,对另一半的要求和怨怼就会越少。

请持续地提醒自己:"我选择我乐意做的,我乐意做我选择的。"不轻易接受别人的控制和强迫,不轻易拿自己去交换肯定和感激。善待自己,保持没有怨怼的状态。委屈自己再要求别人回头,是不负责任的事。压抑自己、限制自己、剥夺兴趣、剥夺休息，都不是爱人的好方法，因为这样一定会累积愤怒，愤怒的人只会引起家人的反感。太多女人想要符合别人的期待，仿佛不符合期待就没有价值，因而扭曲了自己。到最后许多求好心切的女人开口都是哀叹。看看我们上一代的母亲，她们大多一辈子为家庭付出，但子女却无法靠近她们，子女爱她，但躲得远远的，因为妈妈总是说"哎呀……我很苦呀……"，那种沉重的愧疚感让人没有办法处理，家人只能在很远的地方爱她。

这样建议，意思并不是说你好好照顾自己，婚姻就会幸福。好好照顾自己，你的伴侣也可能对你不满，例如第二章中的例子，就有老公怨恨生活自在的老婆，恨她没有付出更多。遇到这种状况，你可以随时检视自己，问问家人、朋友，不难确认是自己做得太少，还是老公期待太多，再视状况调整自己的底线。无论如何，人应该先确保自己不怀抱怨恨，然后尽力处理别人对自己的怨恨。如果自己是大宗垃圾的制造者，活在一片脏乱中，是不可能有余力处理别人的垃圾的。

不想陷入互相憎恨的关系中，就必须时时把自己照顾好，再去关怀别人。不管结婚或单身，都要保持对自己负责的人生态度。

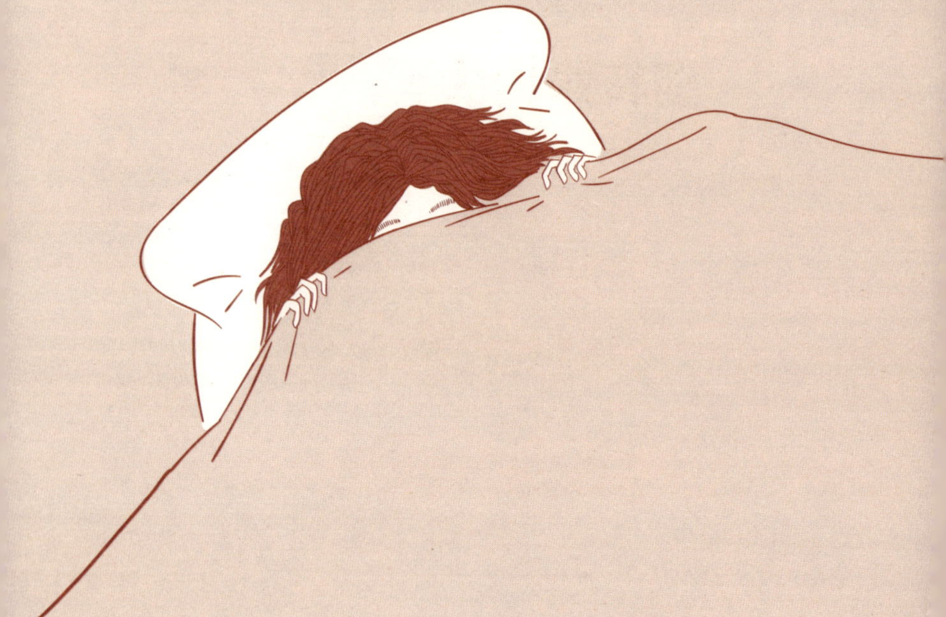

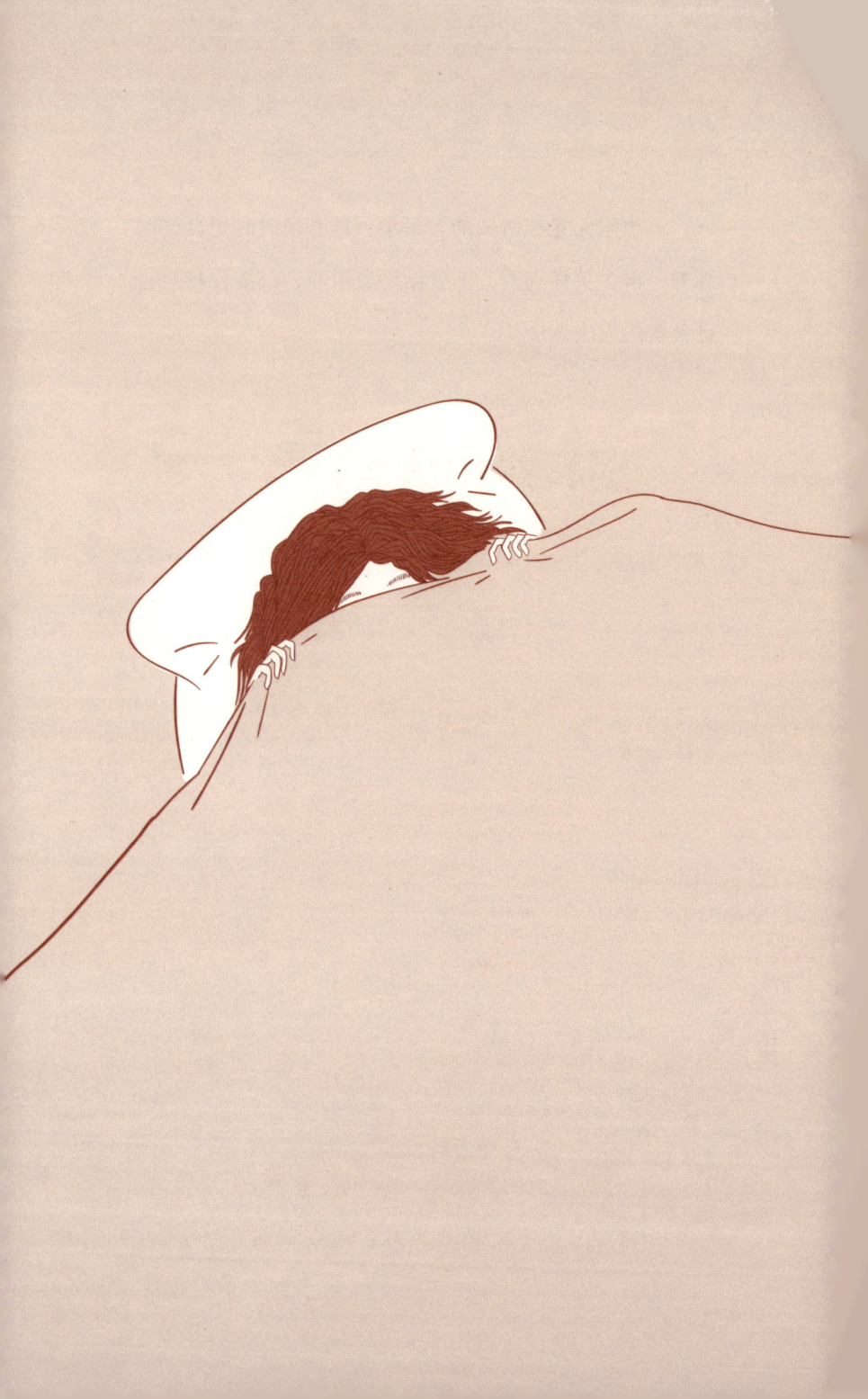

第六章

翻转婚内失恋

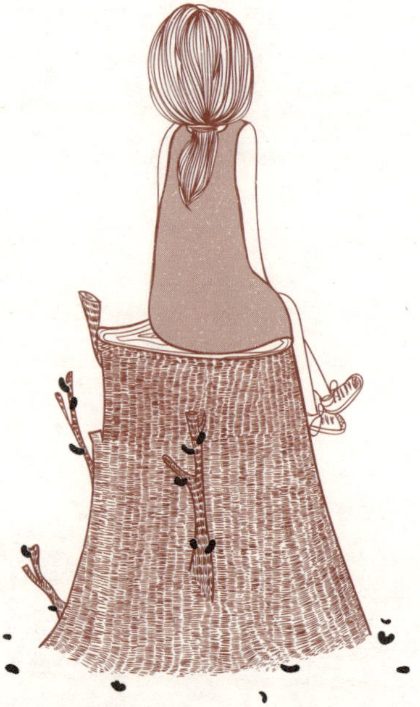

是谁不爱谁了？

西蒙波娃说："婚姻被施的诅咒是，两个人太常以弱点结合在一起，而不是强项。两个人都在要求，而不能乐在给予。"

您的婚姻是不是如此呢？就算自认为常常给予，只要不是"乐在"给予，一定会有意无意地对另一半要求什么，如前文所讲，要求感激和肯定是一种要求，要求爱，要求忠诚，也都是要求。

对亲密伴侣索取的东西，几乎都用来维护自己内心某个不稳固的部分了。害怕自己能力不足的人，最受不了伴侣优柔寡断。幼时被父母抛下的人，特别需要伴侣全心全意的重视。其实婚姻的诅咒还不只西蒙波娃所说的那样，因为两个以弱点结合在一起的人，还会互相投射，吸收并放大彼此的弱点。黑暗想嫁给光明，但通常会发现，婚前以为很亮的那家伙婚后连蜡烛都不如。人们总是怀疑自己婚前没看清楚，这其实不是自己看走了眼，而是，黑暗如果够黑，绝对可以吞噬光明。

然而，这也是一种"致命吸引力"原理。人们深刻地爱着又恨着激发自己黑暗与饥饿的伴侣，紧抓着对方，拼命渴求又拼命抨击对方的无能，痛苦地生存着。把自己难以接纳的部分——丑恶、渺小、不满的，都投射到对方身上，如果对方善于吸收，就变成了可以矫治的对象。鞭打自己身上的弱点很难，可把弱点投射到伴侣身上，再去鞭打就容易多了。

我不止一次见识到，因为婚内失恋前来咨询的妻子，起初一直说是因为"他不爱我"而痛苦，后来却峰回路转地发现更大的问题其实是"我不爱他"。

艾丽与翔凯

艾丽抱怨婚姻生活没有爱，很久都没有性生活了。她说婚姻生活有名无实，像守活寡。她不要过下去了。翔凯跟她一起来咨询。

翔凯:"宝贝,我还是爱你的。"

艾丽:"你不要说那些空话。我们算什么?连性生活都没有。"

翔凯:"我每次找你,你都不要啊!像昨天晚上……"

艾丽:"昨天你有酒味。你又去应酬了。"

翔凯:"上个月那次,我没喝酒,你也是不要。"

艾丽:"你几点才回来? 整天都在外面,我们一点交流也没有,有办法做那种事吗?"

翔凯:"所以,我没有不做。是你不要。然后你说因为没有性生活要离婚,我真不懂!"

艾丽:"连沟通的机会都没有,当然不会懂。"

翔凯:"……"

艾丽:"……"

咨询师:"听起来,艾丽不喜欢翔凯有太多应酬?"

翔凯:"那就是另一件事,不是性生活问题,是应酬问题。我不可能不应酬,那样我才有收入啊。"

艾丽:"你只在乎赚钱,都没时间跟我吃饭。"

翔凯:"每次吃饭我都会问你要不要一起去,是你说不要的。"

艾丽:"我不喜欢那些人!"

翔凯:"我的工作就是和那些人打交道,没得选择。"

艾丽:"你们讲的东西我没兴趣。"

翔凯:"他们带给我很多项目。不然我怎么负担得起那么多贷款?"

艾丽:"我不想谈了。"

咨询师:"你们贷款很多吗?"

翔凯:"我们住的房子、买给她爸妈的房子,还有帮她弟弟缴车贷……"

咨询师:"有相当的一部分用于艾丽的家人……"

翔凯:"岳父母的生活费也是我负担的,所以我不懂她为什么不相信我很爱她。"

艾丽:"钱跟爱是两回事。"

翔凯认为外出应酬根本不是问题,他很乐意带着艾丽去应酬。他认为艾丽不愿与他一同外出,却在家里抱怨寂寞,实在无法理解。艾丽不断地抱怨翔凯不爱她,咨询师尝试询问艾丽感到被翔凯冷落的细节，问题的形貌逐渐浮现：艾丽不喜欢翔凯的朋友，所以不能一起吃饭。艾丽不喜欢凯翔的气味，所以不能做爱。艾丽不喜欢翔凯的鼾声，所以分房睡……其实，艾丽根本不喜欢翔凯无趣的思考和言谈，所以他们也无法聊天。

跟自己的朋友在一起时，艾丽很快乐。嫁给翔凯之前，艾丽有一个男友，他们都喜欢现代艺术、旅行和运动，但那位男士经济状况不稳定，脾气没有翔凯好，有时还会跟别的女孩暧昧。于是艾丽做了所有人都认为正确的抉择……

我人在波士顿。咨询到一半就突然中止，总觉得需要跟你解释一下。那次突然听到你说："是他不爱你，还是你不爱他？"我整个人吓傻了。我觉得非常混乱，因此决定先把自己关起来，自己理清楚。之后几个月，我没再跟翔凯吵架，应该说没说什么话，他说我在冷战，但我只是努力地想要弄清楚我自己。

说来话长，你应该猜得到我的心路历程吧！翔凯不太愿意，但是他还是尊重我的决定。

我在这里找到了一个我一直向往的艺术史课程。一年之后，我们会决定是不是签字离婚。

一年的时间感觉好像有点久，但五年的婚姻好像也不知不觉就过了。我也不知道那时会有什么想法。

这是艾丽改变视角，开始探索自己之后，给咨询师的信中的一段话。

他不爱你？

你不爱他？

他不爱他自己？

你不爱你自己？

反复检视这四句话，重新排列，再排列，也许就能看清婚姻的纠结。

如果你忘记了如何爱自己，别人也会忘记。

然后你也无法再爱那个忘记爱你的人。

如果他不懂得如何爱自己，也很难懂得如何爱你。

然后不被爱的你，更不爱自己。

同样地，如果你不知道如何爱自己，也不可能知道如何爱他。

他会知道他不被爱，于是也很难爱你。

或许你已经看出，你的问题其实不是失恋？

谈到如何收回夫妻之间的投射，总有人问："如果能够自我接纳，自我满足，不把弱点投射在对方身上，不要求对方支撑自己，也不攻击，那还要伴侣做什么？"

说真的，我也曾经这样想过。会提这种问题，表示心理的自立方面仍然有问题。的确有人很幸运，找到了可以互相扶持弱点的伴侣，不自立也没关系，那不在我们目前讨论的范围内（也不需要讨论）。羡慕别人有什么用？事实就是没找到这样的伴侣，原谅自己，接受自己就是必须成长吧！

多年来与许多夫妻一同探索婚姻的奥秘，我仍然相信尽可能地认识并且收回投射，学会处理自己的需求、恐惧、失落（所谓的各种业障），终究是消解婚姻痛苦的必经之路。凡人要无数工夫才能收回一点投射，而只要能收回一点投射，多一分自立，原本是炼狱的婚姻就会清凉许多，可以各自相安。

婚姻是照见自我的魔镜

陷入婚姻的僵局，得不到人生该有的乐趣，承受着不该有的折磨。需要什么心态才能超越这种困境？

心理学家荣格认为，人们应该以前瞻性的视角看待困境，该思考的是"目前的问题，可以促使我发现什么？我可以从这里看见什么关于人生方向的信息？"

超越困境所需的心态是，不问"为什么"陷入这处境，而问这处境是"为了"激发什么新事物。

让人感觉什么都做不了、动弹不得的困境，会在内心激发强烈的自觉需求，迫使我们接触原本无意识的层面。这是认识深层自我、蜕变得更完整的机会。

荣格也指出了婚姻与个体心灵成长的关系：

人到中年，生活的任务最为繁重，由一心往前看、致力创造理想家庭的状态，转为时常往回看、疑惑着"我的人生是怎么走到这里的"。

事物的意义变得比埋头苦干更重要，个人的存在变得比集体更重要。我们开始察觉意识的目标与无意识之间的分歧。这分歧造成模糊的不安，因为它的原因是无意识的，这种不安只能在投射中显现，很多事便都怪到了伴侣身上。

这种批评的气氛是个人意识觉醒和现实化的开端。可惜伴侣两人的心理成长速度很少是并驾齐驱的。想让两人同步了解目前关系处于什么样的内在过程中，机会是微乎其微的。

伴侣当中，人格较复杂的一个（复杂者），对人格较单纯的那个（单纯者）而言，是难以掌握的。单纯者对复杂者施压，要他变得更整合或更单纯。平常，单纯者总是隐匿在复杂者背后，而复杂者，期待被单纯者包容。

复杂者开始沉痛地发现，为了迎合伴侣的简单性格，他分裂了自己的某些部分，而现在他需要停下来。他越来越看清，伴侣不大可能让自己停下来。因此他会往外看。而他的伴侣察觉到自己不在他的心中，因而开始施压，想要在他心中夺回一席之地。这压力使得本已窒息的他更加透不过气，更想逃。

不安的一方尝试说服往外看的一方：你追寻的是幻梦。

幸好这种说服常不奏效，迫使不安的一方开始检视自己，去发掘自己的深度与人生意义，而不是继续在伴侣身上寻找。如果这种说服（竟然）成功了，那这对伴侣就得想办法压制下一次的追逃危机大爆发。

双方都需要受得住煎熬，一方觉得快窒息时，要勇于拒绝被束缚，而另一方不得不把能量投回到自己的其他兴趣上，不过，这么做的同时，必须承受"彼此关系不再有意义"的怀疑感。

婚姻关系需要经过长时间的历练与转型，才有希望从直觉本能的相处转化为一种个性化的、心理层次的关系。但很多人在第一关就卡住了。

这种转型的关键是，必须适度地收回心理投射，同时发展一个丰富的内在世界，能够随机应变并且面对"我到底在跟怎样的一个人相处"的现实。

此外，我们也必须面对越来越清楚的、自己的真实样貌，这唯有在关系的镜子中才能照见。

持有真实，需要一种能力，能够哀悼失去的和永不可得的。

我们的情爱关系不是单纯的东西。

婚姻困境，就是自我整合的危机和转机。

如果不知从哪里着手才能邀请生命中的智慧现身，就从照镜子开始吧！

是的，一面普通的镜子。

从一面普通的镜子开始，观看你自己。

我的气息。

我的表情。

我的皮肤。

我的头发。

我的脖子。

我的肩膀、乳房、肚子。

我的手臂。我的腿。

我的臀部。我的私密之处。

我的身体需要什么？

在仔细端详之下，普通的镜子开始变成映照心灵的镜子。

我有趣吗？

我活泼吗？

我在想什么？

我想要什么？

我的脑袋要什么？

我的情感要什么？

继续观看，你会惊讶地发现，这面镜子也可以让你看见你的伴侣。

他在我身上留了什么痕迹？

他给我印上了黑眼圈？

他加深了我的法令纹？

他任我的皮肤干燥？

你认识他吗？

他认识你吗？

你认识自己吗？

欢迎内心出现的信息。尊重你的信息。

有些信息可能让人害怕，没关系，你可以慢慢品尝，不需要立刻做出什么回应。

接着，你会看见各种矛盾。

我要融合，还是自由？

我要亲密，还是空间？

我要能力，还是依赖？

我要支配，还是依附？

欢迎你来到自我探索的大门前。相信婚姻的困境是为了带你来到这里,还有太多关于你自己的秘密需要被你看见。

每个人都值得爱,但不一定值得就有人爱。

没有人爱,也要维持那种值得,拥有爱的希望。

图书在版编目（CIP）数据

婚内失恋 / 邓惠文著. — 广州：广东旅游出版社，2020.7
ISBN 978-7-5570-2191-7

Ⅰ. ①婚… Ⅱ. ①邓… Ⅲ. ①婚姻—通俗读物 Ⅳ. ① C913.13-49

中国版本图书馆 CIP 数据核字 (2020) 第 036039 号

版权所有 © 邓惠文
本书中文简体版权归属于银杏树下（北京）图书有限责任公司。

出 版 人：刘志松	选题策划：后浪出版公司
作　　者：邓惠文	责任编辑：方银萍　蔡　筠
特约编辑：曹　可	责任校对：李瑞苑
责任技编：冼志良	出版统筹：吴兴元
营销推广：ONEBOOK	装帧制造：墨白空间
封面设计：兒日设计·倪旻锋	

婚内失恋
HUNNEI SHILIAN

广东旅游出版社出版发行
（广州市越秀区环市东路338号银政大厦西楼12楼）
邮编：510060
印刷：北京盛通印刷股份有限公司　　开本：889毫米×1194毫米　　32开
字数：80千字　　　　　　　　　　　印张：5.75
版次：2020年7月第1版第1次印刷　　定价：39.80元

常年法律顾问：北京大成律师事务所周天晖 copyright@hinabook.com
未经许可，不得以任何方式复制或抄袭本书部分或全部内容
版权所有，侵权必究
本书若有质量问题，请与本公司图书销售中心联系调换。电话：010-64010019